新时代新理念职业教育教材·铁道运输类
铁道交通运营管理专业教、学、做一体化教材

# 铁路运输服务礼仪

张 玉 郭 瑾 马 静 主编

清华大学出版社
北京交通大学出版社
·北京·

## 内 容 简 介

本书以项目化方式编写，遵循"以岗位技能为导向，以培养职业能力为本位"的原则。通过对铁路运输岗位服务礼仪知识的学习，培养学生的职业特质。本书共分为 8 个项目，主要内容包括服务礼仪基础知识、形象礼仪、姿态礼仪、语言礼仪、铁路车站客运服务礼仪、列车乘务服务礼仪、铁路货运客户接待服务礼仪、铁路货运交往礼仪。本书内容翔实、结构合理，并配有视频资源，对提高个人形象及修养、提升岗位服务礼仪水平、树立铁路服务窗口的良好形象有一定帮助。

本书适合作为高等职业院校运输专业教材，也可作为运输服务礼仪知识普及的读本。

本书封面贴有清华大学出版社防伪标签，无标签者不得销售。
版权所有，侵权必究。侵权举报电话：010-62782989　13501256678　13801310933

### 图书在版编目（CIP）数据

铁路运输服务礼仪 / 张玉，郭瑾，马静主编. —北京：北京交通大学出版社 ：清华大学出版社，2023.7

ISBN 978-7-5121-5054-6

Ⅰ. ①铁⋯　Ⅱ. ①张⋯　②郭⋯　③马⋯　Ⅲ. ①铁路运输-客运服务-礼仪-高等职业教育-教材　Ⅳ. ①U293.3

中国国家版本馆 CIP 数据核字（2023）第 145778 号

**铁路运输服务礼仪**
TIELU YUNSHU FUWU LIYI

| | | | | | |
|---|---|---|---|---|---|
| 策划编辑： | 刘　辉　　 | 责任编辑： | 刘　蕊 | | |
| 出版发行： | 清 华 大 学 出 版 社　 | 邮编：100084　 | 电话：010-62776969 | | |
| | 北京交通大学出版社　 | 邮编：100044　 | 电话：010-51686414 | | |
| 印 刷 者： | 艺堂印刷（天津）有限公司 | | | | |
| 经　　销： | 全国新华书店 | | | | |
| 开　　本： | 185 mm×260 mm　　 | 印张：10　　 | 字数：256 千字 | | |
| 版 印 次： | 2023 年 7 月第 1 版　 | 2023 年 7 月第 1 次印刷 | | | |
| 印　　数： | 1～3 000 册　　 | 定价：49.80 元 | | | |

本书如有质量问题，请向北京交通大学出版社质监组反映。对您的意见和批评，我们表示欢迎和感谢。
投诉电话：010-51686043，51686008；传真：010-62225406；E-mail：press@bjtu.edu.cn。

# 前言

随着近年来我国铁路的飞速发展,为满足迅速增长的运输需求,铁路运输所提供的服务要依托具有较高服务水平和职业素养的专业型人才。本书内容结合铁路岗位服务人员实际工作能力培养,聚焦学生就业后就能符合企业所需的专业技能和职业素养要求而编写。

本书的特色如下。

(1) 体系科学。本书内容安排结合当前铁路运输服务发展的需要,确定了系统而科学地对铁路运输人员进行服务礼仪培训的体系,即从基础礼仪到岗位职业素养的培训,体现了"铁路运输服务礼仪"课程的系统性、专业性、针对性、应用性与操作性。

(2) 突出实用性。坚持学以致用,注重对最新规章标准文件的运用和解读,针对铁路现场岗位技能要求,确保书中内容与铁路运输岗位服务标准相契合,在学习任务后配备符合岗位实际工作情景的任务训练,突出岗位技能,使广大师生和铁路从业人员学得懂、用得上,更好地体现了本书的实用性。

(3) 数字资源丰富。书中大量添加了服务礼仪图片,并配有视频资源,图文并茂,生动易懂。在编写和出版过程中,积极运用"互联网+职业教育"的思维方法,推动传统教学理论变革,打造立体化新型态教材,推进学术性与知识性结合。同时,充分运用现代信息技术,融合课程视频等多种数字资源,进一步丰富内容。

本书帮助学生树立铁路运输岗位服务意识,从服务礼仪基础知识、形象礼仪、姿态礼仪、语言礼仪、铁路车站客运服务礼仪、列车乘务服务礼仪、铁路货运客户接待服务礼仪、铁路货运交往礼仪 8 个方面进行学习,从个人素养提升转变到职业岗位素养提升,树立铁路服务窗口的良好形象。

本书由包头铁道职业技术学院张玉、郭瑾、马静主编,参与本书编写工作的人员分工如下：包头铁道职业技术学院栗娜娜编写项目 1；包头铁道职业技术学院张佳田编写项目 2；包头铁道职业技术学院王晶编写项目 3；马静编写项目 4；张玉编写项目 5 中的任务 5.1、任务 5.2、任务 5.3、任务 5.4；包头铁道职业技术学院秦颖编写项目 6；郭瑾编写项目 7；包头铁道职业技术学院张茹编写项目 5 中的任务 5.5 及项目 8；中国铁路呼和浩特局集团有限公司包头西站王昭然对本书的编写提出了很多有益的建议。

此外，要特别感谢包头铁道职业技术学院铁道交通运营管理系学生张文楚、郝俊峰、自锐鑫、王杰对本书中图片、视频制作所做的工作。

由于编者水平及经验有限，书中难免存在不妥及疏漏之处，恳请读者批评指正，以便在修订过程中不断完善。

编 者
2023 年 5 月

# 目录

## 项目 1　服务礼仪基础知识 ································· 1
任务 1.1　礼仪的含义、起源及发展 ························· 2
任务 1.2　礼仪的功能和作用 ······························· 5
任务 1.3　铁路客运服务礼仪 ······························· 9

## 项目 2　形象礼仪 ········································· 16
任务 2.1　仪容仪表礼仪 ································· 17
任务 2.2　服饰礼仪 ····································· 27
任务 2.3　微笑礼仪 ····································· 37

## 项目 3　姿态礼仪 ········································· 44
任务 3.1　站姿礼仪 ····································· 45
任务 3.2　坐姿礼仪 ····································· 49
任务 3.3　行姿礼仪 ····································· 54
任务 3.4　蹲姿礼仪 ····································· 56
任务 3.5　鞠躬、握手礼仪 ······························· 60
任务 3.6　手势礼仪 ····································· 63

## 项目 4　语言礼仪 ········································· 72
任务 4.1　称呼礼仪 ····································· 73
任务 4.2　介绍礼仪 ····································· 74
任务 4.3　交谈礼仪 ····································· 76
任务 4.4　电话礼仪 ····································· 78

## 项目 5　铁路车站客运服务礼仪 ····························· 83
任务 5.1　售票处服务礼仪 ······························· 84

I

  任务 5.2 问讯处服务礼仪 ········· 86
  任务 5.3 候车室服务礼仪 ········· 88
  任务 5.4 站台服务礼仪 ··········· 90
  任务 5.5 出站口服务礼仪 ········· 92

## 项目 6 列车乘务服务礼仪 ··········· 95
  任务 6.1 动车组列车乘务服务礼仪 ··········· 96
  任务 6.2 普速旅客列车乘务服务礼仪 ········· 106
  任务 6.3 旅客列车餐车服务礼仪 ············· 118

## 项目 7 铁路货运客户接待服务礼仪 ········· 122
  任务 7.1 客户服务礼仪 ··········· 123
  任务 7.2 前台接待服务礼仪 ······· 124
  任务 7.3 投诉接待服务礼仪 ······· 128

## 项目 8 铁路货运交往礼仪 ············· 133
  任务 8.1 拜访礼仪 ··············· 134
  任务 8.2 合同洽谈礼仪 ··········· 136

## 附录 A 铁路旅客运输服务质量 第 1 部分：总则 ············· 141

## 附录 B 铁路旅客运输服务质量 第 2 部分：服务过程 ··········· 146

## 参考文献 ··········· 153

# 项目 1
## 服务礼仪基础知识

### 知识目标
1. 了解礼仪的含义、起源及发展。
2. 了解礼仪的功能及作用。
3. 了解铁路服务礼仪及其发展,掌握铁路服务礼仪的重要性,掌握铁路服务礼仪应该遵循的原则。

### 能力目标
1. 能够熟知服务礼仪的基础知识。
2. 能够熟知服务礼仪的重要性。
3. 能够掌握铁路客运服务礼仪的重要性及原则。

### 思政目标
1. 传承中国礼仪文化,树立文化自信,培养家国情怀。
2. 规范学生的礼仪价值观念和行为准则。
3. 培养学生的客运服务礼仪职业素养。

### 引导案例

**何为礼?**

子路问孔子:"老师,请问什么是礼啊?"孔子回答说:"简单地说,礼就是爱人,礼是出于爱人之心的。"

子路想了想,说:"老师,我还是不明白,您能不能说得详细一点?"孔子说:"礼,就是要天子爱天下人,诸侯爱自己管辖境内的人,士大夫爱自己的职责,读书人与老百姓爱自己的家人,难道这还不清楚吗?"

子路想了想,又问:"您说礼就是爱人,那不就与老师说的'仁者爱人'一样了吗?"孔子拊掌大笑道:"本来两个就是一回事!'仁者爱人'说的是人的内在素质。'礼者爱人'说的是人的外在表现,两者是一致的啊!"子路这才点了点头说:"我懂了。"

导入问题:
1. 看完这个小故事,同学们觉得何为礼?
2. 同学们还知道哪些中国古代文明礼仪小故事?

# 铁路运输服务礼仪

## 任务 1.1　礼仪的含义、起源及发展

### 任务导读

服务礼仪，包括"服务"和"礼仪"。服务一般是指社会成员之间相互提供方便的一类活动。礼仪是指在人际交往中，以约定俗成的方式来表现的律己敬人的过程，是我们在生活中不可缺少的一种能力。我国是历史悠久的文明古国，几千年来创造了灿烂的文化，形成了高尚的道德准则、完整的礼仪规范，被称为"文明古国，礼仪之邦"。

### 知识点

#### 1.1.1　礼仪的起源

礼仪作为一种文化现象，随着人类的产生而产生。它最早产生于原始社会人们对于无法解释的自然现象的崇拜。远古时代，由于生产力水平极端低下，人类的生存环境极其恶劣，人们认识世界的能力有限，对许多自然现象无法做出科学的解释，便形成了对日月星辰、风雨雷电、山川丘陵、凶禽猛兽的崇拜。在崇拜中人们创造了神话，如女娲补天、大禹治水等。有了神话，便创造了祭神仪式，于是，以祭人、敬神为主要形式的礼仪产生了。

按照历史唯物主义的观点，礼仪是社会历史的产物，是人类脱离动物界并形成人类社会以后，在长期的生产实践中逐步形成的。大量的历史学材料证明，原始社会时期，同一氏族成员间在共同的聚集、狩猎、饮食生活中形成的习惯性的语言、表情、动作，是礼仪的萌芽。而不同氏族、部落间为沟通而使用的一些被普遍认同的语言、动作、表情，可以看作礼仪的最初形态。随着社会分工的出现和生产力的发展，人们在社会生产中逐渐形成一些群体内部或群体之间应该如何和不应该如何的观念。一些反映等级权威的礼制和协调礼会关系的礼俗逐渐产生，这些礼制和礼俗虽然是粗糙且极不完善的，但是这种不成文的礼仪具有其自身的功能。人类随着阶级和国家的出现进入了文明时代，礼仪相对完整的形态逐渐成熟。礼仪是人类文明的标志和结晶；是人和动物、文明和愚昧区别的根本。

#### 1.1.2　礼仪的发展历程

**1. 礼仪的萌芽阶段**

在原始社会，人类无法解释很多变幻莫测的大自然现象，认为神灵、祖先是主宰一切的力量。他们用当时最精致的食具作为礼器，祈求神灵、祖先的保佑，这种祭祀活动便是礼仪的萌芽。因此，便有了"礼立于敬而源于祭"的说法。

在古人日常生活中，人们用击掌、拥抱、拍手等来表达捕获猎物的喜悦。人们这种相互之间的呼应、模仿逐步形成一种习俗，这便是最初待人接物的礼节。随着社会的发展，产生了发号施令的领导者和听从指挥的被领导者，就出现了尊卑有序、男女有别的现象。原始的政治礼仪、宗教礼仪、婚姻礼仪等在这个时期均有雏形，尤以敬神礼仪最为突出。《礼记·祭

统》中提到："凡治人之道，莫急于礼。礼有五经，莫重于祭。"可见，礼是原始人类祈福的宗教典仪。

**2. 礼仪的发展阶段**

礼仪的发展阶段为公元前21世纪到公元前771年的夏、商、周时期。在这个阶段，中国第一次形成了比较完整的周家礼仪与制度。商朝时的甲骨文出现了"礼"字。西周时期，我国历史上第一部记载"礼"的书籍《周礼》诞生，随后出现的《仪礼》《礼记》标志着我国古代礼仪进入飞速发展时期。《周礼》偏重政治制度，《仪礼》偏重礼仪规范，《礼记》偏重对礼的各个分支做出理论说明。当时的国学以"六艺"为基本教学内容。"六艺"指礼（礼节仪式）、乐（音乐舞蹈）、射（箭术）、御（驾车）、书（写作）、数（算法），其中礼仪教育排在首位。

**3. 礼仪的变革阶段**

礼仪的变革阶段为公元前770年到公元前221年的春秋战国时期。春秋战国时期是我国的奴隶社会向封建社会转型的时期，学术界百家争鸣。在此期间，相继涌现出孔子、孟子、荀子等思想巨人，发展和革新了礼仪理论。孔子是中国古代的思想家、教育家，他首开私人讲学之风，打破了贵族垄断教育的局面。他删《诗》《书》，定《礼》《乐》，赞《周易》，修《春秋》，为中国历史文化的整理和保存做出了重要贡献。他编订的《仪礼》，详细记录了战国以前贵族生活的各种礼节仪式。《仪礼》与前述《周礼》和孔门后学编写的《礼记》，合称"三礼"，是中国古代最早、最重要的礼仪著作。

孔子认为，"不学礼，无以立"（《论语·季氏》），"质胜文则野，文胜质则史。文质彬彬，然后君子"（《论语·雍也》）。他要求人们用道德规范约束自己的行为，要做到"非礼勿视，非礼勿听，非礼勿言，非礼勿动"（《论语·颜渊》）。他倡导的"仁者爱人"，强调人与人之间要有同情心，要互相关心，彼此尊重。总之，孔子较系统地阐述了礼及礼仪的本质与功能，把礼仪理论提高到了一个新的高度。

孟子是战国时期儒家的主要代表人物。在政治思想上，孟子把孔子的"仁学"思想加以发展，提出了"王道""仁政"的学说和"民贵君轻"的观点，主张"以德服人"；在道德修养方面，他主张"舍生而取义"（《孟子·告子上》），讲究"修身"和培养"浩然之气"等。

荀子是战国末期的思想家。他主张"隆礼""重法"，提倡礼法并重。他说："礼者，贵贱有等，长幼有差，贫富轻重皆有称者也。"（《荀子·富国》）荀子指出："礼之于正国家也，如权衡之于轻重也，如绳墨之于曲直也。故人无礼不生，事无礼不成，国家无礼不宁。"（《荀子·大略》）荀子还提出不仅要有礼治，还要有法治。只有尊崇礼序，法制完备，国家才能安宁。荀子重视客观环境对人性的影响，倡导学而至善。

**4. 礼仪的强化阶段**

礼仪的强化阶段为公元前220年的秦朝时期到公元1911年的清末时期。封建社会的礼仪习俗有了新的变化，礼仪规则分化为与政治息息相关的礼仪制度和在社会交往中应遵守的行为规范两个部分。

**5. 现代礼仪阶段**

现代礼仪阶段为民国初期到新中国成立前。辛亥革命以后，中国的传统礼仪规范、制度受到强烈冲击，随着科学、民主、自由、平等的观念逐渐深入人心，新的礼仪标准、价值观念得到推广和传播。

**6. 当代礼仪阶段**

当代礼仪阶段为1949年至今。新中国成立后，逐渐确立了以平等相处、友好往来、相互帮助、团结友爱为主要原则的具有中国特色的新型社会关系和人际关系。许多礼仪从内容到形式都在不断变革，现代礼仪进入了全新的发展时期。大量的礼仪书籍相继出版，各行各业的礼仪规范纷纷出台，礼仪讲座、礼仪培训活动丰富多彩。人们学习礼仪知识的热情空前高涨。讲文明、讲礼貌蔚然成风。今后，随着社会的进步、科技的发展和国际交往的增多，礼仪必将得到新的完善和发展。

### 1.1.3 礼仪的含义

礼仪是"礼"和"仪"两个字组成的合成词，它们虽有联系却有着不同的概念。

**1. "礼"的含义**

"礼"的含义比较丰富，其跨度和差异也比较大。根据《辞海》所列，"礼"有以下7个义项。

（1）敬神。班固《东都赋》："礼神祇，怀百灵。"引申为表示敬意的通称。如：敬礼；礼貌。《左传·僖公二十六年》："〔重耳〕及郑，郑文公亦不礼焉。"

（2）社会生活中由于风俗习惯而形成的为大家共同遵奉的仪式。如：婚礼；丧礼。《聊斋志异·封三娘》："遂涓吉速成礼。"

（3）礼物。如：送礼，礼单。《晋书·陆纳传》："及受礼，唯酒一斗，鹿肉一样。"

（4）指礼书。如：三《礼》。

（5）（Lǐ）姓。春秋时卫有大夫礼孔、礼至。

（6）即"仪礼"。

（7）泛指古代贵族等级制的社会规范和道德规范。由古代对上天、先祖的祭祀仪式演变而来，《论语·为政》："齐之以礼。"朱熹注："礼，谓制度品节也。"《礼记》认为礼具有"定亲疏，决嫌疑，别同异，明是非"的作用。

随着历史的发展，"礼"的内涵已经有了延伸和扩展。在许多场合，它已经成了"礼貌""礼节""礼宾""礼仪"的代名词。

**2. "仪"的含义**

"仪"的义项主要有以下9个方面。

（1）礼节；仪式。如：行礼如仪。《左传·昭公二十五年》："子大叔见赵简子，简子问揖让之礼焉，对曰：'是仪也，非礼也。'"

（2）礼物。如：贺仪；奠仪。苏轼《赐王宗晖生日礼物口宣制》："受兹多仪，永锡（赐）难老。"

（3）法度；准则。亦谓以为准则。如：设仪立度。《国语·周语下》："所以宣布哲人之令德，示民轨仪也。"又："不仪生物之则。"

（4）仪器。如：浑天仪；地球仪。《后汉书·律历志中》："诏书下太常，令史官与融以仪校天，课度远近。"

（5）容貌；举止。如：仪容。《诗·大雅·烝民》："令仪令色，小心翼翼。"

（6）匹配。《诗·鄘风·柏舟》："实维我仪。"

（7）倾心；向往。如：心仪已久。《汉书·孝宣许皇后传》："公卿议更立皇后，皆心仪霍将军女。"

（8）通"宜"。适宜。《礼记·大学》："仪监于殷，峻命不易。"孔颖达疏："仪，宜也。"

（9）（Yí）姓。秦代有仪楚。

#### 3. 礼仪的含义

礼仪属于道德范畴，是礼节和仪式的总称。从广义上讲，是指一个时代的典章制度；从狭义上讲，是指人们在社会交往中由于受历史传统、民族文化、宗教信仰、风俗习惯、时代潮流等因素的影响而形成的，为人们所认同并遵守，由思想所支配的外在表现的行为准则、规范和形式的总和。

（1）礼仪是人类文明继承、发展的结果，是人类文化的积淀，是人们通过长期的生活实践所形成的，并被人们共同认可、一致遵守和沿用的。约定俗成的礼仪，一旦形成就会有很强的生命力。许多礼仪代代相传、生生不息，要想通过硬性规定去改变是很困难的，这就是有力的说明。礼仪也是一个国家、地区、民族和个人道德文化水平发达程度的重要标志之一。

（2）礼仪是一种行为准则或规范，虽然它不是法律，但必须遵守，否则会受到舆论的谴责，或者导致不良的后果。即使是来自异国他乡的路人，也应入乡随俗，了解当地人的习俗和规范并按照这些习俗和规范来约束自己的言行，以免招惹不必要的麻烦。

（3）现代礼仪是对我国古代礼仪的传承与扬弃。两者主要有如下差异：其一，两者的基础有差异。古代礼仪是以封建等级制度为基础的，强调"贵贱有等，长幼有差，贫富轻重"；现代礼仪虽然具有等级性的特征，但更强调以人为本、人人平等和社会公平，以尊重他人为立足点和出发点。其二，两者的目的有差异。古代礼仪是以维护封建统治秩序为目的的；现代礼仪注重人与人之间的和谐相处，以及国际的友好交往。其三，两者的对象有差异。古代礼仪规定"礼不下庶人"，与平民百姓无关；现代礼仪适用于交际活动的所有参与者。

现在我们通行的各种礼仪规范，是对我国传统礼仪的扬弃和发展，是反映 21 世纪中华民族新道德、新风尚、新文化、新理念的现代礼仪，将为构建社会主义和谐社会做出新的贡献。

## 任务 1.2　礼仪的功能和作用

### 任务导读

礼仪是人们在社会交往中普遍遵循的文明行为准则或规范的总和。它是在漫长的社会实践中逐步形成、演变和发展的。现代礼仪经历了一番脱胎换骨，更具有传承性、规范性、操作性、差异性、时代性等特征。

礼仪是人类社会文明发展的产物，是人们社会交际活动的共同准则。加强礼仪教育，对于提高自身修养和素质、塑造良好形象、扩大社会交往、促进事业成功等都具有十分重要的作用。

### 知识点

#### 1.2.1　礼仪的特征

礼仪归属于道德范畴，既有道德的一般特点，又有区别于其他事物的特殊性。礼仪有以下几个主要特征。

### 1. 普遍性

礼仪是调整社会成员在社会生活中相互关系的行为准则，是全人类共同需要的。它可以跨越国界，不分国家、民族、宗教和政治信仰，不论年龄、性别、阶层、贫富，只要存在交往活动，人们就需要通过礼仪来沟通和表达情感，还可以在两个对立的国家、民族、宗教、集团、个人之间的交往接触中起到制约的作用。

礼仪无处不有，无时不在。它被用于各种场合、各个领域，大到国家的政治、经济、文化领域，小到个人的衣、食、住、行；无论是城市乡村，还是企业机关；无论是干部群众，还是集体个人；无论是国家要事，还是家庭琐事；不分场合大小，不管人数多少，只要有人际交往活动，就需要人们去遵守约束行为的礼仪规范。

礼仪的普遍性还反映在它的丰富多样上，与每个人都有密切的联系，涉及个体在学习、生活、工作等不同的方面。

### 2. 差异性

礼仪是各个国家、地区、民族的人在社会交往中受历史传统、民族文化、宗教信仰、风俗习惯、时代潮流等因素的影响而形成的，所以不同的国家、地区的礼仪存在着差异。

同一礼仪形式可以因国家、地域的不同而表达不同的意思。例如，在大多数国家用点头表示"是""同意"，但在保加利亚等国家的礼仪习惯是"点头不算摇头算"。又如，向上伸出大拇指，其余四指相握的手势，在中国、日本、斯里兰卡、法国和美国等都有不同的意思表示。

在不同的场合，针对不同的对象，同一礼仪形式也会有差异。例如，同样是握手，新老朋友之间、男士与女士之间、长辈与晚辈之间是有区别的。又如，同样是打招呼，不同的区域、不同的民族之间也不尽相同。

不同的行业、不同的职业、不同的场合也有不同的礼仪要求，如校园礼仪、商务礼仪、宾馆礼仪、办公礼仪、生产礼仪、求职礼仪、谈判礼仪、就餐礼仪等。

### 3. 综合性

礼仪是一门专门研究人与人之间交往的行为规范的科学，也是一门综合性的科学。它包含了社会学、心理学、行为学、民俗学、伦理学、传播学、美学、公共关系学等学科。

礼仪体现了实施个体的综合素质。它要求人们必须具有高尚的思想道德情操，良好、规范的行为习惯，优雅、得体的语言举止，宽容、豁达的心理素质，较高的认知水准和学识水平等。可以说，只有具备了综合素质的人，才称得上是讲文明、有风度、有魅力、有修养的人。

### 4. 实践性

礼仪是一门应用性很强的行为科学，不同于纯粹的理论演绎、逻辑抽象和概念探讨，它是理论与实践紧密结合的科学。

礼仪来源于实践，又直接服务于社会实践。礼仪应用于交际场合，就是人类进行交往与应酬的实践活动。它不是纸上谈兵、不着边际的，而是切实可行、实用有效的；不是故弄玄虚、神秘莫测的，而是简明易学、便于操作的。丰富多样的人类交往实践活动使礼仪落到实处，成为"言之有物""行之有礼"的规范。

### 5. 变化性

礼仪和任何一个民族的文化一样，也是在不断变化和发展的，在变化发展的进程中取其精华，弃其糟粕，不断完善，与时俱进。

一方面，一个时期内被公认的礼仪规范随着历史的发展，有的被肯定、继承，有的被否定、摒弃。同时，一些符合历史发展和时代特征的新内容又会被补充、吸纳，不断推陈出新。另一方面，随着国与国之间的交往越来越多，对外文化交流扩大，经济全球化和信息化的时代也随之到来，各国、各地区、各民族之间的交往日益密切，各自的礼仪也会互相渗透、互相影响、取长补短，并在传承历史的基础上不断被注入新的内涵。

## 1.2.2 礼仪的原则

在日常生活中，学习、应用礼仪，有必要在宏观上掌握一些具有普遍性、共同性和指导性的礼仪原则。在人际交往、旅客接待与服务工作中，人们应当自觉学习和遵守现代礼仪，按章办事，任何胡作非为、我行我素的行为都是违背现代礼仪要求的。

现代礼仪应遵循尊重、平等、适度、自律、宽容的原则。

### 1. 尊重原则

在现代礼仪规范中，尊重原则是最基本的原则，是指在实施礼仪行为的过程中，要表现出对他人真诚的尊重，而不是藐视对方。礼仪规范从内容到形式都是尊重他人的具体体现。在人际交往中，不尊重他人的言行，同样也不会赢得他人对自己的尊重，这一点在"你敬我一尺，我敬你一丈"的俗语中就可以体现出来。只有尊重他人，才会获得他人的尊重。

### 2. 平等原则

在现代礼仪中，平等原则是基础，是现代礼仪有别于以往礼仪的最主要原则。所谓平等原则，是指以礼待人，礼尚往来，既不盛气凌人，又不卑躬屈膝。

平等原则要求人们在处理人际关系中，尤其在服务工作中，不要厚此薄彼，更不能以貌取人。对任何服务对象都要一视同仁、满怀热情，决不能有任何看客施礼的意识。应本着"来者都是客"的真诚态度，以优质服务取得旅客的信任，使他们乘兴而来，满意而归。

### 3. 适度原则

适度原则是指运用礼仪时，为了保证取得成效，必须注意技巧，合乎规范，特别要注意做到把握分寸，大方得体。如在与人交往时，既要彬彬有礼，又不能低三下四；既要热情大方，又不能轻浮和谄媚；要自尊但不能自负；要坦诚但不能粗鲁；要信人但不要轻信；要活泼但不能轻浮；要谦虚但不能拘谨。

运用礼仪时做得过了头或者做得不到位，都是失礼的表现。比如见面时握手时间过长，或见谁都主动伸手，不讲究主次、长幼、性别之分；告别时一次次地握手或不住地感谢，都会让人觉得厌烦。所以，运用礼仪要真正做到恰到好处、恰如其分，这样才能正确地表达自己的自律、敬人之意。

### 4. 自律原则

礼仪作为行为的规范、处事的准则，反映了人们共同的利益。每个人都有责任、义务去维护它、遵守它。学习、应用礼仪，就必须自我要求、自我约束、自我控制、自我对照、自我反省、自我检点，这就是礼仪的自律原则。

在人际交往中，交往双方都希望得到对方的尊重。古人云："己所不欲，勿施于人。"人们应该首先检查自己的行为是否符合礼仪规范的要求，主动做到严于律己、宽以待人。如果不讲慎独与克己，遵守礼仪就无从谈起，更不可能在人际交往中塑造自身良好的形象，得到别人的尊重。

### 5. 宽容原则

"得理也得让人。"在服务与交际活动中运用礼仪时，要严于律己，更要宽以待人。要多宽容他人不同于己、不同于众的行为，要多体谅、多理解他人，切不可求全责备，过分苛求。

例如，在客运工作中，旅客有时会提出一些无理甚至失礼的要求，服务人员应冷静而耐心地解释，决不能追究不放，把旅客逼至窘境。否则，会使旅客产生逆反心理而形成对抗，引起纠纷。当旅客有过错时，服务人员要"得理也得让人"，学会宽容对方，让旅客体面地下台阶，以保全旅客的面子。

### 1.2.3 礼仪的功能

在公共关系中，礼仪是社会公德、职业道德等的行为规范，协调着公共关系中的诸多关系。在人际关系中，礼仪是人际关系的调节器。礼仪的功能具体来讲主要有以下三个方面。

（1）约束功能。礼仪作为一种约定俗成的行为规范，一旦形成，对人们的行为就形成了一种强大的约束作用，人们都将不自觉地受其制约。如果谁触犯了这个规范，就被视为没有礼貌。例如，在严肃的工作会议上、高雅的音乐殿堂里骤然响起的手机铃声，就会受到大家的侧目，被视为极不礼貌的行为。凡是注意个人形象的人，无不在类似问题上自我约束。

（2）协调功能。人是社会关系的总和，人际关系是人类社会关系中极为重要的关系，但是由于人们受教育程度不同、成长环境各异，再加上个性、职业、年龄、性别等方面的差异，就形成了人们在人际交往中不同的价值取向。在人际交往中，为了维护自身利益，人们在行为方式上往往不同程度地带有"利己排他"的倾向。这就必然会使交往双方发生不同程度的矛盾和冲突。这时，礼仪的原则和规范就会约束人们的动机，指导人们立身处世的行为方式，从而很好地协调人与人之间的关系、人与社会的关系，使人们在相互理解、相互尊重的前提下和睦相处，使社会生活井然有序。

（3）教化功能。礼仪作为一种道德行为规范，对全社会的每个成员都起着潜移默化的教育作用。现代许多国家把礼仪教育列入了国民素质教育体系，在短时间内提高了全体国民的综合素质。新加坡可谓是这方面的典范，新加坡国土的美丽，新加坡人的有"礼"，无不给去过这个美丽花园岛国的人留下深刻的印象，这与新加坡在国民中大力开展礼仪教育有很大的关系。20 世纪 70 年代后期，当时的新加坡总理李光耀就提出了要把新加坡建成"富而有礼"的国家。新加坡政府在大力抓国民经济的同时，将以"礼仪"教育为中心的国民素质教育提高到一个非常重要的位置，甚至将"忠、孝、仁、爱、礼、仪、廉、耻"八种美德列入政府须贯彻的"治国之纲"，使礼仪教育成为每个公民都必须接受的教育内容之一。为规范国民行为，使之养成良好的礼仪习惯，新加坡政府甚至运用了法律手段来强化国民的礼仪意识。这些措施最终使新加坡在短时间内变成了神话般的现代"礼仪之邦"，提升了新加坡的国际地位，使其成为亚洲新兴工业经济体。

### 1.2.4 礼仪的作用

礼仪作为在人类历史发展中逐渐形成并积淀下来的一种文化，始终以某种精神的约束力支配着每个人的行为，是适应时代发展、促进个人进步和成功的重要途径。礼仪具体的作用有以下几个方面。

（1）礼仪有助于个人提高自身修养。在人际交往中，礼仪往往是衡量一个人文明程度的准绳。它不仅反映一个人的交际技巧与应变能力，还反映着一个人的气质风度、阅历见识、道德情操、精神风貌等。因此，在这个意义上，完全可以说礼仪即教养，只有有道德才能高尚，只有有教养才能文明。这也就是说，通过一个人对礼仪运用的程度，可以察知其教养的高低、文明的程度和道德的水准。由此可见，学习礼仪和运用礼仪有助于提高个人的修养，

项目 1　服务礼仪基础知识

真正提高个人的文明程度。

（2）礼仪有助于美化自身，美化生活。个人形象是一个人仪容、表情、举止、服饰、谈吐、教养的集合，而礼仪对上述方面有详尽的规范。因此，学习礼仪、运用礼仪无疑将有益于人们更好地、更规范地设计和维护个人形象，更好地、更充分地展示个人的良好教养与优雅的风度。当个人重视了美化自身，人人以礼相待时，人际关系将会更加和睦，生活将变得更加温馨，这也是礼仪所发挥的作用。

（3）礼仪有助于促进社会交往，改善人际关系。古人说："世事洞明皆学问，人情练达即文章。"这句话讲的其实就是交际的重要性。一个人只要同其他人打交道，就不能不讲礼仪。运用礼仪，除了可以使个人在交际活动中充满自信、胸有成竹、处变不惊之外，还能够帮助人们规范彼此的交际活动，更好地向交往对象表达自己的尊重、敬佩、友好与善意，增进彼此之间的了解与信任。

（4）礼仪有助于净化社会风气，推进社会主义精神文明建设。一般而言，人们的教养反映其素质，素质又体现于细节，反映个人教养的礼仪是人类文明的标志之一。一个人、一个单位、一个国家的礼仪水准，往往反映这个人、这个单位、这个国家的文明水平、整体素质和整体教养。古人曾经指出"礼义廉耻，国之四维"，并将礼仪列为立国的精神要素之本。荀子也曾说过："人无礼则不立，事无礼则不成，国无礼则不宁。"

## 任务 1.3　铁路客运服务礼仪

### 任务导读

掌握客运服务礼仪，礼貌对待旅客，是做好铁路客运工作的基本条件。对于广大铁路客运服务人员而言，塑造铁路客运服务良好形象，不仅是服务人员个人文化修养的直接表现，也是服务人员的工作需要。

随着铁路的发展，新时期的旅客服务质量也应该与时俱进，不断优化以适应市场，满足不同人群的个性化需求。

### 知识点

### 1.3.1　铁路客运服务概述

**1. 铁路客运服务的概念**

铁路客运服务是指为了实现旅客位移而由一系列或多或少具有无形性的活动所构成的一种过程，该过程是在旅客与服务人员、硬件与软件的互动过程中进行的，其实质是最大限度地满足旅客的需求并为其创造价值。从铁路运输企业的角度而言，客运服务是企业凭借运输设备设施及员工向旅客提供的保障旅客安全出行的一系列组织活动过程。从旅客的角度而言，客运服务是在消费旅行服务的过程中获得的一种实际体验和体验的满意度。

## 2. 铁路客运服务的特点

### 1）服务的时效性

旅客乘车所购买的车票是旅客享有消费旅行服务的凭证,车票上印有旅行的出发地(站)、目的地(站)、车次、乘(开)车时间、座位号、座席类别、票价、有效期、车票发售地、旅客身份证号等信息。通常意义的旅行服务从旅客购票开始,至进站候车,登上列车旅行,最后抵达目的地出站为止。旅行服务具有明显的时效与地域界限。超出车票标注有效期时间界限的旅行服务是无效的。

### 2）服务的安全性

安全是交通运输行业永恒的服务宗旨,也是铁路客运服务的重要内容。安全、准时地到达目的地是旅客对客运服务的基本需求。铁路客运服务必须首先在保障旅客生命、财产安全的基础上,尽量满足旅客的其他需求,才能让旅客收获舒心、舒适的旅行体验。

### 3）服务的综合性

铁路客运服务从旅客购票开始,经历车站安检、候车、进站上车、列车服务、行李服务等环节,到旅客抵达并离开目的地车站结束。客运服务内容是上述系列服务过程构成的综合性产品。同时,铁路客运服务是由车站与列车的设备、环境及服务人员共同构成的整体。

### 4）服务的一次性

服务具有无形性、生产与销售的同时性、消费的一次性等特点。客运服务同样具备服务的这些特点。旅客的乘车行为与列车的发出、抵达过程及客运人员的服务是同时发生的,并且这个消费与服务的过程一次发生后失效,不具备可储存性。

### 5）服务的层次性

客运服务是一个满足旅客需求的过程,旅客的乘车体验需求是有层次区分的。安全、准时是所有旅客对客运服务的基本需求;快捷、便利、舒适是旅客对客运服务的享受需求;旅客的个性差异决定了其对客运服务还具有个性化的需求。

## 1.3.2 铁路客运服务礼仪概述

铁路客运服务礼仪主要是指铁路车站、列车在服务工作中向旅客表示敬意的具体做法,是服务工作中形成的得到共同认可的礼貌、礼节和仪式,是客运工作人员必须遵守的服务规范。

### 1. 铁路客运服务礼仪的历史进程

铁路客运服务礼仪是礼仪在铁路运输服务行业中的具体运用,是从事铁路运输服务的人员在自己的岗位上完成本职工作所应具备和严格遵守的行为规范。铁路客运服务礼仪是工作人员在与旅客交往过程中所应具有的相互尊重、亲善和友好的行为艺术,是"以客为尊、以人为本"服务理念的具体体现,也是铁路优质服务的重要组成部分。

一般来说,可以把铁路客运服务礼仪的发展划分为三个阶段。

#### 1）第一阶段

20世纪90年代中期以前,中国铁路旅客运输能力严重不足,铁路客运经营的目标主要是尽可能地将旅客送达目的地,而常常难以做到"舒适、快捷、满意",从而对铁路客运服务质量和服务礼仪方面的要求力度不够,该现象在中国铁路春运期间尤为明显。

#### 2）第二阶段

20世纪90年代中期以后,随着经济快速发展和交通运输系统建设投资扩大,我国客货运行业呈现全面增长态势。民航、公路、铁路在长、中、短途客运市场出现互相渗透的趋势,对客流目标市场的争夺越发激烈和细化，这也导致了铁路对服务质量、服务礼仪的高度重视，把其上升到塑造铁路企业外部形象和提高内部管理控制水平的高度。旅客满意度的高低直接关系到铁路客运持续快速发展的水平。

3）第三阶段

从 1997 年 4 月 1 日开始，我国铁路共经历了六次大提速。2007 年 4 月 18 日，我国铁路第六次大提速，铁路主要干线客车运行速度提高到 200～250 km/h。这次提速使运力资源配置全面优化，客货运输能力大幅度提高，有力地缓解了铁路运力"瓶颈"，促进了区域间人流、物流、资金流及信息流的快速流动，提高了人民群众的生活质量。这次提速标志着我国铁路现代化的动车组开始运行。动车组与既有线客车相比，不仅在安全、快速、方便等方面有巨大的飞跃，而且先进的硬件设施给旅客创造了更加舒适、人性化的旅行环境。因此，动车组服务人员不仅要保证列车上旅客的安全，尽力减少旅客不必要的伤亡，还要为旅客提供更为热情、周到的服务，努力提高自己的服务水平。对于广大动车组服务人员来讲，要提升自己的服务礼仪水平和质量：首先，要加强爱岗敬业和职业道德教育，树立正确的人生观和价值观，形成讲奉献、比进取的良好氛围。其次，要注重提高自己的服务意识，关注细节服务，掌握整个服务过程中旅客的需求。最后，要从服务形象、服务礼仪、服务姿态及服务用语等基础的技能培训着手，认识到服务意识是前提、服务技能是基础，不断改进服务工作，提升服务礼仪水平，树立铁路服务的良好形象。

**2. 铁路客运服务礼仪的基本原则**

1）旅客至上的原则

随着市场经济的不断深入发展，面对运输市场的激烈竞争，铁路要战胜竞争对手，铁路服务必须在理念上进行更新，树立"旅客至上"的理念。现代铁路的运营要求服务人员正视现实，解放思想，转变观念，变"以我为主"为"以客为主"，真正从内心深处把旅客当成自己的"衣食父母"。

2）用心服务的原则

铁路客运站每天要接待数以万计的旅客，特别是春运、节假日等特殊时期，旅客出行的人数更多，要想在繁杂、劳累的工作中保持良好的服务礼仪，就必须从内心去感受或体会礼仪服务的重要性和必要性，养成礼仪服务的职业习惯，做到服务发自内心。用心服务还包括通过各种方式获知旅客的需求信息，主动发现服务机会，并提供及时、恰当、满意的服务，以满足旅客的高期望值。

3）持之以恒的原则

服务礼仪既然作为规范化服务的重要内容之一，就表明它不会自发形成，而是需要进行系统的岗位培训、规范岗位纪律和要求。为此，铁路服务人员要善于保持心理平衡，维系一种良好的服务心态，才能将职业要求逐步形成职业习惯并坚持执行。只有保持持之以恒的服务礼仪，才能从根本上形成良好的服务规范。

**3. 铁路客运服务礼仪的重要性**

（1）铁路客运服务礼仪是提高铁路服务水平和服务质量的重要手段。服务质量是企业管理水平的综合反映，服务质量的优劣是判断企业管理水平的重要标志。只有良好的服务，才能赢得旅客的选择，而旅客是铁路旅客运输生存和发展的基础与条件。近年来，铁路运输服务质量有了长足的进步和提升，各铁路局集团公司都加强了对员工服务礼仪的培训，对全面提高铁路服务水平和服务质量起到了促进作用。

（2）铁路客运服务礼仪是铁路赢得市场竞争的重要筹码，是铁路增强企业竞争力的重要环节。铁路作为国家重要基础设施、国民经济的大动脉和大众化交通工具，在综合交通运输体系中处于骨干地位。随着航空、公路运输的迅速发展，铁路运输面临严峻的市场竞争。如何增强企业的核心竞争力，如何赢得客源市场，是现代铁路发展面临的新问题。铁路客运服务礼仪作为现代企业管理的一个重要组成部分，是铁路增强企业竞争力的有效手段，也是铁路赢得市场竞争的重要举措。

（3）铁路客运服务礼仪是铁路集团公司塑造企业形象的有力工具。铁路运输行业的服务，特别是动车组的服务，当以航空服务为榜样，以用心服务为理念，以细节服务为内涵，全面提升服务质量和服务水平，成为铁路企业的一道靓丽的风景，提升铁路企业的形象。

**3. 铁路客运服务人员应具备的礼仪修养**

1）亲和的微笑

微笑是人际交往中最富吸引力的面部表情，也是能够瞬间向他人展示友好热情的神态。客运服务人员的微笑可以从情感上拉近与旅客的距离。同时，笑容展露的友好亲切、真诚热情也可以给客人留下良好的第一印象。

2）舒心的问候

问候是人与人见面时最初的直接接触。问候得当可以迅速表现出自己的诚意与热情，可以巩固微笑留给客人良好的第一印象。客运服务人员在见到旅客时，应主动问好。这样也可以在接下来的谈话交流与服务工作中掌握主动权。

3）洁雅的仪表

仪表是一个人风度的体现。邋遢随意的外形是人际交往的大忌。客运服务人员洁雅的仪表来自整洁的制服着装、恰当的面容修饰和端庄的举止姿态，这是展示职业素养和树立专业形象所必需的，也是获得旅客信赖的基础。

4）规范的仪态

铁路客运服务人员的仪态训练是礼仪素质养成的一个重要方面。强调仪态举止的规范，如鞠躬的幅度、手势的开合，不仅是要展示专业化的训练有素，更重要的是包含了敬人的礼仪内涵和服务理念。

5）得体的语言

语言是客运服务的重要工具。得体的语言会让旅客备感舒适，不礼貌的语言则会激发矛盾。客运服务人员与旅客交流，要使用规范的礼貌用语，同时要掌握表达的技巧，特别是处理违章时，更应注意语言要适度得当。

6）诚恳的态度

旅客对乘车服务质量的评价往往是非常主观的。当基本的服务需求得以满足之后，对其他方面服务水平的感知则因人而异，因此，客运服务人员需要用积极、正面、温和的态度获得旅客正面的评价。

## 1.3.3 车站服务礼仪的内容

铁路客运站是办理旅客乘降等客运业务和旅客列车到发整备等技术作业的场所，是铁路网的重要组成部分，也是铁路与城市的结合点。随着我国铁路行业的快速发展，特别是高速铁路运营线路不断增加，铁路客运站已成为城市和区域的综合交通枢纽，在城市发展中的地位、作用和影响发生根本性变化。可以说，现代铁路客运站不仅要突出铁路运输的职能，满足旅客对乘车方便、快捷、舒适的要求，而且要满足城市发展的需要，成为一个城市文化和城市文明的形象代表。

铁路车站客运人员是指在车站售票窗口、候车室、进站通道、旅客站台等处为旅客提供服务、保障安全的工作人员，其主要工作职责是对车站旅客购票、乘降、出站提供服务。铁路车站客运人员在为旅客服务时所呈现出的良好态度、周到服务和文明举止，是我国铁路质量管理的重要组成部分，也是铁路企业文化外在表现之一。因此，车站服务礼仪对于满足旅客需求、提升服务质量、展示铁路形象具有重要意义。

良好的仪容仪表是车站服务形象的表现。车站服务工作的特点是直接面向旅客为其提供服务，并且可能会给旅客留下直接而深刻的印象。良好的仪容仪表会产生积极的宣传效果，在一定程度上，车站服务人员的仪容仪表反映了一个组织或团体的服务形象和管理水平。

良好的仪容仪表是优质服务的表现。服务人员的仪表仪容既能满足旅客视觉美方面的需要，同时又使他们感受到优质的服务，自己的身份地位得到应有的承认，寻求尊重的心理也会得到满足。

良好的仪表仪容是车站管理水平的表现。服务人员的仪容仪表不仅反映了铁路经营管理者的管理理念和管理水平，而且也通过个人形象的直接展现，体现出铁路工作者的自尊自爱。

### 1.3.4 列车服务礼仪的内容

旅客列车是铁路企业面向社会展现两个文明建设的重要窗口之一。旅客在旅行过程中的大部分时间都在列车上度过，服务质量的好坏对于增加旅客满意度、培养旅客忠诚度、提升铁路整体形象都具有重要的意义。

旅客列车的服务工作主要由旅客列车乘务组完成。旅客列车乘务组是旅客列车为完成旅客及其行李、包裹的运送任务而由旅客列车乘务人员组成的专门服务组织。一般来说，我国铁路的旅客列车乘务组一般由列车长、列车员、列车行李员、广播员、餐车供应人员、检车员、车电员和乘警等组成（动车组列车乘务组由司机、列车长、列车员、机械师、乘警、餐饮人员和保洁人员组成，简称"六乘一体"）。

目前，"以服务为宗旨，待旅客如亲人"的服务宗旨已经深入人心，乘务人员的服务礼仪规范和作业标准，不仅关系到广大旅客的旅途安全与舒适，也是铁路职工良好精神风貌的具体体现。因此，在列车值乘过程中需要认真贯彻相关作业标准，注意总结工作经验，加强科学管理，不断促进乘务工作规范化、服务质量标准化以及市场要求品牌化。逐步形成一整套具有铁路特色的客运作业标准。

由于旅客列车服务的特殊性，列车乘务人员除了要严格按作业标准作业外，还要在仪容仪表、行为举止和服务用语等方面，相对于其他铁路单位有更高的要求。

### 1.3.5 接待礼仪的内容

铁路客运服务人员在客运服务岗位上，每天都要面对大量旅客，接待是一项中心工作。随着世界全球化和国际经济贸易往来的增加，越来越多的中国人迈出国门的同时，我国铁路运输线上也出现了一些新鲜的面孔。来自世界不同国家和地区的旅客搭乘铁路出行，将铁路作为重要的交通工具。铁路的硬件设施日趋完备，作为铁路客运服务人员应该具备基本的接待礼仪技能，出色地完成接待工作。

礼俗风情是某一国家、民族长期形成的，具有相对稳定性的礼节、人情风尚、行为习惯、

铁路运输服务礼仪

心理倾向等的总和，是一个民族区别于另一个民族的重要特征。礼俗风情是一个历史范畴，随着社会的变迁、经济和文化的发展，还会出现新的内容与形式。各国、各民族和各地区由于不同的文化背景、礼仪传统和行为习惯，形成的礼俗风情存在很大的差异，因此我们在客运服务接待中必须了解和掌握，以此作为入乡随俗的依据，从而成功地与交际对象建立良好的关系。客运服务接待礼仪对于满足不同国籍的旅客需求，提升服务质量，展示铁路形象具有重要意义。

### 拓展阅读

#### 动车组列车客运服务礼仪

动车组列车客运服务与既有线列车相比，服务方式更加灵活、人性化、个性化，主要体现在以下3个方面。

（1）为旅客提供安全、准时、舒适、快捷、优质的服务是动车组列车服务的主要特点。

动车组列车不仅具有高速的优势，还具备设计科学、设备先进、环境优良、乘坐舒适等特点。硬件条件大为改善的同时，客运服务的软实力也必须提升。软实力的提升主要依靠客运服务人员为旅客提供更加人性化、个性化、细节化的优质旅途服务来实现。

（2）车站候车服务与列车乘务服务是反映铁路旅客运输质量的窗口。

车站候车与乘坐列车时的体验是旅客对铁路客运服务最主要的体验。这一特点在动车组列车客运服务中尤为突出。因此，动车组客运服务人员的言谈举止、服务态度直接影响着旅客对铁路客运服务的整体评价，可谓是反映铁路运输质量的窗口。

（3）客运服务的对象具有差异化的特征。

动车组列车的旅客来自不同国家、不同地区，拥有不同的年龄、不同的职业、不同的文化层次及不同的风俗习惯，由于为这些不同的旅客服务的差异性、特殊性以及要满足他们的多样化需求，动车组客运服务人员必须具有较高的文化素养，掌握丰富的铁路专业知识和客运服务礼仪规范与服务技巧。

### 思政园地

#### 吕盼："双奥之城"的服务明星

"90后"的吕盼，是"双奥之城"的服务明星，现任中国铁路北京局集团有限公司北京客运段京张高铁车队列车长。

作为服务保障北京冬奥会、冬残奥会的铁路工作人员之一，她刻苦训练服务技能，快速提升业务综合能力；针对赛事人员、运动员、外籍记者乘车，推出"列车智能设施介绍""婴幼儿安睡床"等10余项专属服务措施；针对"雪具存放""轮椅安置"等12个场景的服务反复演练，确保列车服务高质量；联手6个车站、24个乘务组共同创建"雪之梦"品牌，用更加温馨、精准及更具人文特色的服务，向世界展示了中国高铁服务品质。

回忆起一年前的"高光时刻"，吕盼依然难掩激动之情。凭借过硬的业务素质，吕盼成为高铁列车长中的佼佼者。2022年1月初至3月下旬，在闭环管理的76天里，吕盼和

项目1 服务礼仪基础知识

同事每天车厢、宿舍"两点一线",圆满完成了97趟往返北京冬奥会、冬残奥会三大赛区的冬奥列车运输任务,熟练用中英文解答旅客疑问,并创新高铁"耳鸣操"等特色服务。

"冬奥会期间,不少外国友人、队员在冬奥列车上学习汉语,这一情景久久难忘。"在北京冬奥会、冬残奥会期间,令吕盼印象最深刻的是,很多外国友人在乘坐列车时,都会主动用汉语跟他们交流。

"当我们能听懂,并跟他们进行互动的时候,他们都特别高兴。我想这是因为我们在备战冬奥的同时,全世界也在关注着中国,他们也在为来中国做着充足准备。越来越多的国际友人在学习中文、在了解中国文化、在向往中国。中国高铁作为一张靓丽名片,被越来越多国际友人所熟知、认可,他们能和代表中国高铁的我们进行交流,我感到特别高兴,作为一名中国人、一名铁路人,我感到特别骄傲和自豪。"

## 任务训练

**1. 任务内容及要求**

任务内容:收集各铁路客运服务之星相关事迹。

任务要求:分组进行收集,制作成PPT进行展示。

**2. 任务评价**

| 序号 | 考核内容 | 权重/% | 考核评价 | | | |
|---|---|---|---|---|---|---|
| | | | 个人评价 | 小组评价 | 教师评价 | 得分 |
| 1 | 资料收集 | 20 | | | | |
| 2 | PPT制作及展示 | 20 | | | | |
| 3 | 内容总结及心得 | 20 | | | | |
| 4 | 积极讨论、团队合作意识 | 20 | | | | |
| 5 | 学习态度及作业完成情况 | 20 | | | | |
| | 项目得分统计 | | | | | |

# 项目 2
## 形象礼仪

### 知识目标
1. 了解铁路客运服务人员的基本仪容仪表,掌握化妆的基本步骤和技巧。
2. 熟悉男士、女士的正装着装要领。
3. 掌握正确的微笑礼仪。

### 能力目标
1. 能够根据铁路客运服务礼仪的相关要求,主动完善自己的仪容仪表。
2. 掌握铁路客运服务人员的着装规范。
3. 能够运用微笑进行交流。

### 思政目标
1. 深化铁路客运服务礼仪意识,具备客运服务礼仪的基本职业素养。
2. 塑造铁路工作人员爱岗敬业的良好形象。
3. 为旅客提供优质服务,树立良好的窗口形象。

### 引导案例

#### 一次就够了

一天,黄先生与两位好友来到某高铁餐吧用餐。接待他们的是一位五官清秀的餐服员,接待服务工作做得很好,可是她面无血色,显得无精打采。黄先生一看到她就觉得心情欠佳,仔细留意才发现,这位餐服员没有化工作淡妆,在餐厅昏黄的灯光下显得病态十足。上菜时,黄先生又突然看到传菜餐服员涂的指甲油缺了一块,他的第一个反应就是"不知是不是掉我的菜里了"。但为了不惊扰其他旅客用餐,黄先生没有将他的怀疑说出来。用餐结束后,黄先生来吧台结账,而结账餐服员却一直对着反光玻璃墙面修饰自己的妆容,丝毫没注意到旅客的需要。自此以后,黄先生再也没有去过高铁餐吧用餐。

导入问题:
1. 请指出案例中餐服员在仪容仪表上存在的问题。
2. 本案例对你有何启示?

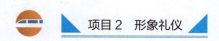

项目2　形象礼仪

# 任务 2.1　仪容仪表礼仪

### 任务导读

铁路运输是服务性行业，掌握仪容仪表礼仪，礼貌对待旅客，是做好铁路客运工作的基本条件。对广大铁路客运工作人员来说，规范、优雅的仪容仪表能够展示员工的外在美和内在修养，能够拉近与旅客的距离，提高旅客的满意度和忠诚度，提升铁路企业的形象，实现铁路优质服务品牌的增值。

### 知识点

## 2.1.1　仪容仪表认知

仪容即容貌，由发型、面容及人体所有未被服饰遮掩的肌肤构成，是个人仪表的基本要素。仪表是指人的外表，一般包括人的容貌、服饰、姿态、风度等，是一个人的精神面貌和内在素质的外在体现。一个人无论长相如何，只要仪容仪表干净、整洁、得体，就会给人留下一种清新、自然、健康的印象。铁路客运工作人员应充分关注仪容仪表，维护好自身形象。

**1. 头部**

1）头部的动作

在大多数情况下应保持身体直立、头部端正，这是自信、严肃、正派、精神饱满的表现。头部的不同动作传递的含义十分丰富。

（1）头部向上表示希望。

（2）头部向下表示谦逊、内疚或沉思。

（3）头部向前表示倾听、期望、同情或关心。

（4）头部向后表示惊奇、恐惧、退让或迟疑。

（5）点头表示答应、同意、理解和赞许。

（6）摇头表示不喜欢、不同意、不可以和不要。

2）头发

服务人员的头发应整洁、无异味，发型大方得体，头发颜色自然、梳理得当。

（1）头发整洁、无异味。为了保持头发整洁且没有头屑，需要定期清洗头发。洗发时要选择适合自己发质的洗发水；洗净后适当抹一些护发素或焗油膏，以保持头发的柔顺；然后使用清香型发胶等，以保持头发整洁、不蓬散。切忌使用有异味的护产发品。

（2）发型大方得体。

① 男士发型要求。铁路客运男性员工发型应长短适中，前发不能遮眉，侧发不能掩耳，后发不能长至衣领，并且不能留大鬓角、不能剃光头，如图 2-1 所示。此外，铁路客运男性员工不应过分追求时尚，不能做成夸张、前卫的发型，如爆炸式、朋克式、大包头、飞机头等，尽量不要染发，保持自然发色。

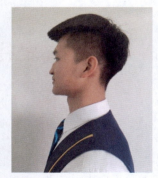

图 2-1　男士发型示例

② 女士发型要求。铁路客运女性员工的头发有短发、中长发、长发 3 种情况。女士短发最短不得短于 7 cm；中长发的发尾不得超过衣领的下沿，刘海不能遮住眉毛，工作时须将两侧头发捋到耳后；长发则须盘成发髻，收于发网中，工作时保持两鬓光洁、无耳发，如图 2-2 所示。铁路客运女性员工的发饰应简单、适用，色彩不宜过于鲜艳花哨，材质不宜过于贵重，款式不宜复杂。通常选择没有任何装饰物的黑色皮筋、黑色钢丝夹及简单大气的发网进行装饰即可。

图 2-2　女士发型示例

（3）头发颜色自然。不要将头发染成黑色以外的其他任何抢眼颜色，以接近自然色为宜。

（4）头发梳理得当。在出门上班前、换装上岗前、摘下帽子时、下班回家时及其他有必要的时候，需梳理头发。梳理头发时需要注意以下三点事项。

① 梳理头发不宜当众进行。

② 梳理头发不宜直接用手，最好随身携带一把梳子，以备不时之需。

③ 断发、头屑不宜随意处理。

### 2. 面部

若脸上常有灰尘、污垢、泪痕或汤渍，难免会给人又懒又脏的感觉，所以除了早上起床后、晚上睡觉前洗脸之外，只要有必要、有可能，应随时随地抽出一点儿时间洗脸净面。为了使自己容光焕发，充满活力与工作激情，女士可适当化妆，但应避免使用气味浓烈、色彩反差较大的化妆品。

1）眉毛

眉毛在面部占有重要的位置，双眉的舒展、收拢、扬起、下垂可反映出人的喜怒哀乐等复杂的内心活动。眉毛的变化很多,通常来说可分为 20 多种动态,分别表示不同的心态,以下介绍其中的 9 种。

(1) 双眉上扬,表示非常兴奋、极度惊讶或庄重等多种情感。
(2) 单眉上扬,表示不理解、有疑问。
(3) 皱起眉头,表示不同意、烦恼、盛怒、不赞成或陷入困境、被拒绝。
(4) 眉毛迅速上下活动,说明心情愉快、内心赞同或表示亲切。
(5) 眉毛闪动,表示欢迎或加强语气。
(6) 眉毛倒竖、眉角下拉,说明极端愤怒或异常气恼。
(7) 眉毛抬高,表示难以置信、大吃一惊。
(8) 眉毛放低,表示大感不解、怒不可遏。
(9) 眉毛紧锁,表示内心忧虑、犹豫不决或正在思考。

**2)脸色**

脸色是指面部皮肤的色调,脸色红润是健康的表现。脸泛红晕一般是羞涩或激动的表现,脸色发青、发白是生气、愤怒或受到惊吓而异常紧张的表现。

### 3. 手部

手部要清洁,不使用醒目而艳丽的指甲油,不留长指甲。
(1) 要保持手部清洁,洗手后要用护手霜以保持手部滋润。
(2) 养成勤洗手、勤剪指甲的好习惯。
(3) 指甲的长度要适宜,以防断裂。从手心看,以指甲长不超过指尖 1 mm 为宜。
(4) 男士如果吸烟,要除掉手上的烟渍。
(5) 不能使用假指甲或做工艺指甲。

### 4. 体味

要勤洗澡,勤换衣袜。洗澡可以除去身上的尘土、油垢和汗味,并且使人精神焕发。应尽量避免身上有过多的烟味、酒味、汗酸味、浓烈香水味。

可适当喷洒香水来掩饰体味,但喷洒香水的目的不是使自己香气袭人。服务人员选择香水的标准是清新淡雅型。使用香水时要注意以下几个问题。
(1) 不应使之影响本职工作或有碍于他人。
(2) 宜选用气味清新淡雅的香水,香味与自己同时使用的其他化妆品香型大体一致。
(3) 切勿过量使用,以防产生适得其反的效果。

## 2.1.2 仪容仪表修饰的原则

### 1. 自然适度原则

自然美是美化仪容的最高境界。某位化妆师曾说过:"最高明的化妆术是经过非常考究的化妆,让人看起来好像没有化过妆一样,并且这化出来的妆与主人的身份匹配,能自然地表现这个人的个性与气质。"初级的化妆是把人突显出来,让她醒目,引起众人的注意。拙劣的化妆则使人一站出来就能被别人发现化了很浓的妆,而这层妆是为了掩盖缺点和年龄。最差的一种化妆是化过妆以后扭曲了自己的个性,失去了五官的协调。例如,小眼睛的人画了浓眉,脸大的人画了白脸,阔嘴的人画了红唇。可见,化妆的最高境界是"无妆",是自然。仪容仪表修饰无论是在修饰程度上,还是在饰品数量和修饰技巧上,都应把握分寸,自然适度,追求虽刻意雕琢而又不露痕迹的效果。

**2. 美观原则**

美观就是通过仪容仪表的修饰使自己变得更加美丽、端庄，在给别人留下美丽观感的同时也愉悦自己的身心。

**3. 妆容协调原则**

妆容协调主要包括以下四个方面。

（1）妆面协调。妆面色彩搭配浓淡相宜。

（2）全身协调。脸部、发型与服饰应协调。

（3）角色协调。在社交中扮演不同的角色时，妆容应不同，如职业人员应端庄稳重，公关人员应青春妩媚。

（4）场合协调。场合不同，妆容也不同。

**4. 适宜性原则**

仪容仪表修饰应与自身的性别、年龄、容貌、肤色、身材、个性、气质及职业身份等相适宜。

**5. TPO 原则**

时间（time）、地点（place）、场合（occasion）原则简称 TPO 原则，即要求仪容仪表修饰随时间、地点、场合的变化而相应变化，使仪容仪表与时间、环境氛围、特定场合相协调。

**6. 整体性原则**

仪容仪表修饰应先着眼于人的整体，再考虑各个局部的修饰，使修饰与人自身的因素协调一致、浑然一体，营造出整体的风采。

## 2.1.3　仪容仪表修饰的要求

**1. 头部**

1）头发

头发是人体的最高点，很能吸引他人的注意，所以完美的形象应从头发开始。

（1）梳洗干净。保持发部整洁有助于保养头发、消除异味和异物。若懒于梳洗头发，弄得自己蓬头垢面，满头汗馊味、油味，发屑随处可见，则会损坏个人形象。

① 清洗头发。头发要定期清洗。一般认为，每周至少应当清洗头发两次。

② 修剪头发。头发的修剪同样需要定期进行。在正常情况下，男士通常应当每半个月左右修剪一次头发。女士可根据自己的情况而定，但至少应一个月修剪一次。

③ 梳理头发。梳理头发是每天必做之事，而且往往应当不止一次。凡有必要时都要进行梳理。

如有重要的交际应酬，则应于事前再认真进行一次洗发、理发和梳发，而不必拘泥于以上时限。但切记，此类活动应在幕后进行。

（2）长短适度。头发的长短要考虑以下因素。

① 性别因素。男女有别，在头发的具体长度上也有所体现。一般认为，女士可以留短发，但不应剃光头；男士的头发可以稍长，但不宜长发披肩、梳辫挽髻。在头发的长度上可以中性化一点，但不应超过极限。

② 身高因素。头发的长度在一定程度上与个人身高成正比。以女士留长发为例，头发的长度就应与身高成正比。下面就以不同身材的女士头发应修剪的长度来进行说明。

• 矮小身材与发型。身材矮小的女士会给人小巧玲珑的印象，所以其发型应强调丰满与魅力,从整体比例上看,应注意长度适宜,不宜留长发,也不宜把头发搞得粗犷、蓬松,可利用盘发来增加高度,而且要在如何使头发秀气、精致上下功夫。

● 高瘦身材与发型。高瘦身材是比较理想的身材,但容易产生眉目不清的感觉或缺乏丰满感。因此,在选择发型时应尽量弥补这些不足。这种身材的人适合留长发,不宜盘高发髻,也不宜将头发削剪得太短。

● 矮胖身材与发型。身材矮胖的人要尽可能弥补自身的缺点,在发型的设计上要强调整体发势向上,可选用有层次的短发,前额翻翘式等发型,不宜留长波浪发、长直发。

③ 年龄因素。头发的长度受人的年龄影响,例如,一头飘逸披肩的秀发在少女头上相得益彰,犹如青春的护照;而若一位年逾七十的老奶奶长发披肩,则会令人哗然。

④ 职业因素。职业对头发的长度影响很大,不同职业要求不同的头发长度。铁路服务人员应根据自己的职业特点选择头发的长短。

(3) 发型的选择要得体。发型是构成仪容美的重要内容,美观的发型能给人一种整洁、庄重、洒脱、文雅、活泼的感觉。根据自己的发质、服装、身材、脸型等选择合适的发型,可以扬长避短,和谐统一,增加人体的整体美。

① 发型要与发质相协调。发质细软的女性不宜留过长的直发,可选择中长发或俏丽的短发,还可以把头发烫卷,产生蓬松感。发质较硬的女性不宜选择太短的发型,宜采用不到肩的短发或肩以下的长发发型。

② 发型要与服饰相协调。在工作场合,女性身着套装,可将头发挽在颈后,低发髻显得端庄、干练;在运动场上,着运动服时可将头发扎成高高束起的马尾,显得青春、活泼和潇洒;在晚会或宴会上,着晚礼服时梳个晚装发髻,可显出高雅、华丽的气质。

2) 口腔

(1) 口腔护理(见图2-3)。不洁的牙齿被认为是交际的障碍,牙齿洁白、口腔无味是修饰的基本要求。所以,要做到以下这两点:一是要每天刷牙,并做到"三个三",即三餐刷,饭后3 min内刷,每次刷牙时间不少于3 min;二是要经常用爽口液、洗牙等方式保护牙齿,并且要少抽烟、少喝酒。

正确刷牙的方法是:先将牙刷毛放在牙齿与牙龈交界处,刷毛指向牙根方向,且与牙齿表面成45°角,原位水平颤动;然后顺着牙缝竖刷,应将牙齿的各个部位都刷到。此外,也可以采用在牙面画圆圈的方法来刷牙。

图2-3 口腔护理

(2) 禁止异响。礼仪规定,人体内发出的所有声音,如咳嗽、哈欠、喷嚏、吐痰、清嗓、吸鼻、打嗝儿等,统称为异响,在社交场合禁止出现。禁止异响重在自律,不必强求于人,如他人在大庭广众之下不慎制造了异响,最明智的做法就是视而不见。若本人不慎制造了异响,最好及时承认并向身边的人道歉,不要若无其事。

3) 耳朵

在洗澡、洗头、洗脸时,不要忘记清洗耳朵。必要时,还需清除耳孔中不洁的分泌物。但不能在他人面前这么做。有些人,特别是一些上了年纪的人,耳毛长得较快,甚至还会长出耳孔之外,在必要时应对其进行修剪。

**2. 面部**

仪容在很大程度上指的是人的面容。由此可见,面容修饰在仪容修饰中的作用举足轻重。

修饰面容时,首先要做到面必洁,即要勤洗脸,使它干净清爽、无汗渍、无油污、无泪痕、无其他任何不洁之物。每天仅在早晨起床后洗一次脸是远远不够的,在午休后、用餐后、出汗后、劳动后、外出后都需要即刻洗脸。修饰面容具体到各个不同的部位,标准也不尽相同。

### 1)眼睛

眼睛是人际交往中被他人注视最多的地方,自然也是修饰面容时的首要之处。眼睛被人们称为"心灵的窗户",人们灵魂深处的东西都可以从这个"窗户"中折射出来。

(1)保洁。保洁主要是指对眼部分泌物的及时清除。对于这一点应随时注意。另外,若眼睛患有传染病,应自觉回避社交活动,以免让他人提心吊胆。

(2)修眉。如果感到自己的眉形或眉毛不漂亮,可进行必要的修饰。但不提倡文眉,更不要剃去所有眉毛,刻意标新立异。

(3)眼镜。眼镜的选择要满足美观、舒适、方便、安全的要求,而且应保持洁净。

### 2)鼻子

平时应注意保持鼻腔清洁,不要让异物堵塞鼻孔或让鼻涕流淌,不要随处吸鼻子、擤鼻涕,更不要在他人面前挖鼻孔。在参加社交应酬之前,需要检查一下鼻毛是否长出鼻孔之外。一旦出现这种情况,应及时进行修剪。

### 3)胡须

长有胡须是男性的生理特点。男士若无特殊宗教信仰和民族习惯,最好不要蓄须,并应经常、及时地剃去胡须。若女士因内分泌失调而长出类似胡须的汗毛,则应及时治疗,并予以清除。

### 4)脖颈

脖颈与头部相连,属于面容的自然延伸部分。修饰脖颈,一是要防止其皮肤过早老化,与面容产生较大反差;二是要经常保持清洁卫生,不要只顾面部而不顾其他,脸上干干净净,而脖子上尤其是脖后藏污纳垢,与脸部反差过大。

## 3. 四肢

### 1)手臂修饰

在正常情况下,手臂是人际交往中动作最多的一个部分,而且其动作还往往被附加了多种多样的含义。修饰手臂可以分为手掌、肩臂和汗毛三个方面。

(1)手掌。在日常生活中,手是接触其他人、其他物体最多的部位,出于清洁、卫生、健康的考虑,更应当勤洗手掌。指甲应定期修剪,尽量不要留长指甲,它不仅毫无实用价值,而且不美观、不卫生、不方便。勤修剪手指甲,长度应以不超过手指指尖为宜,指甲外形不美时也可进行修饰。有时在手指甲周围会产生死皮,若发现死皮,则应立即将其修剪掉。服务人员不应涂艳丽的指甲油。

(2)肩臂。修饰肩臂最重要的一条就是着装时肩臂的露与不露,这应依照具体所处场合而定。在非常正式的政务、商务、学术、外交活动中,人们的手臂,尤其是肩部,不应当裸露在衣服之外。也就是说,在这些场合,不宜穿半袖装或无袖装。

(3)汗毛。因个人生理条件的不同,有的人手臂上的汗毛长得过浓、过重或过长。对于特别有碍观瞻的,最好是采用适当的方法进行脱毛。

### 2)腿脚部位修饰

修饰腿脚部位,应当注意的问题有三个,即脚部、腿部和腿毛的修饰。

(1)脚部。服务人员在正式场合不允许光脚穿鞋。光脚穿鞋既不美观,又容易被人误会。

在正常情况下，服务人员应注意保持脚部的卫生，要勤洗勤换鞋、袜、每天洗脚。趾甲要勤于修剪，去除死趾甲，不应任其藏污纳垢或使趾甲长度长于趾尖。

（2）腿部。在正式场合不允许男士着装时暴露腿部，即不允许男士穿短裤。女士可以穿长裤、裙子，但不得穿短裤或暴露大部分大腿的超短裙。在正式场合，女士的裙长应在膝盖以下。女士在正式场合穿裙子时，不允许光着腿而不穿袜子。

（3）腿毛。男士成年以后，腿部汗毛大多过重，所以在正式场合下不允许穿短裤或卷起裤腿。女士若因内分泌失调而导致腿部汗毛变浓、变黑时，则最好脱去或剃除，或者选择深色丝袜加以遮掩。

### 2.1.4 铁路客运服务人员仪容仪表的要求

**1. 仪容的要求**

（1）仪容整洁，着装统一、整齐且规范。

（2）头发应干净、整齐、颜色自然，不理奇异发型、不剃光头。男性两侧鬓角的头发不得超过耳垂底部，后部头发不长于衬衣领，前部头发不遮盖眉毛、耳朵，不烫发，不留胡须；女性发不过肩，刘海儿长不遮眉，短发不短于 7 cm。

（3）面部，双手保持清洁，身体外露部位无文身。指甲修剪整齐，长度不超过指尖 2 mm，不染彩色指甲。

（4）女性以淡妆上岗，唇线的颜色与口红的颜色一致；眉毛修剪整齐，眉笔和眼线为黑色或深棕色；眼影的颜色与制服一致；使用清香淡雅型香水；工作中保持妆容美观，端庄大方；补妆应及时，并应在洗手间或乘务间进行；不浓妆艳抹。

**2. 仪表的要求**

（1）表情自然，态度和蔼，用语文明，举止得体，庄重大方。

（2）使用普通话，表达准确，口齿清晰。服务语言表达规范、准确，使用"请""您好""谢谢""对不起""再见"等服务用语。对旅客、货主称呼恰当，统称为"旅客们""各位旅客""旅客朋友"，也可单独称为"先生""女士""小朋友""同志"等。

（3）当旅客问询时，面向旅客站立（工作人员办理业务时除外），目视旅客，有问必答，回答准确，解释耐心。遇有失误时，向旅客表示歉意。对旅客的配合与支持表示感谢。

### 2.1.5 化妆

化妆是一门艺术，适度而得体的妆容可以体现女性的端庄和美丽。对于一线服务人员来说，和谐得体的妆容效果也是留给旅客美好印象的第一步。

**1. 化妆的原则**

脸部妆容一方面要突出面部五官最美的部分，另一方面要掩盖或矫正缺陷或不足的部分。妆容分为浓妆和淡妆两种。浓妆是一种艳丽的美，给人庄重高贵的感觉，可用在晚宴、演出等特殊的社交场合。淡妆是一种趋于自然的美，给人大方、悦目、清新的感觉，最适合在家或平时上班时使用。无论是淡妆还是浓妆，都需要恰当使用化妆品，并结合一定的艺术处理，才能达到美化形象的目的。化妆的基本原则如下。

**1）自然淡雅的原则**

铁路客运服务人员上岗之前要求化淡妆，即不要有明显化过妆的痕迹。因为底妆厚重、色彩过白、烟熏妆、眼线过重等都会让乘客感到不自然。总的来说，服务人员的妆容应自然大方、朴实淡雅。

2）扬长避短的原则

职业妆适当展现自己的优点是比较好的选择。避短就是将自己面部不太满意的部位通过化妆技巧进行弥补，达到美观、自然、和谐的效果。

3）整体协调的原则

化妆需要参考自己的职业、年龄、性格及五官特点等因素。职业妆应使整个妆面协调，并且应与全身的装扮相协调，与所处场合、自己身份等相协调。

**2. 化妆的禁忌**

服务人员在化妆时需要避免某些不应出现的错误做法，具体包括以下几个方面。

1）离奇出众的创意妆

服务人员化工作妆时不能脱离自己的工作，不能追求怪异、神秘的妆容，使人感觉过于突出、另类。

2）残妆示人

在工作中出汗之后、休息或用餐后妆容容易出现脱妆，以残妆示人给人懒散、邋遢之感，所以服务人员要注意及时补妆。

3）当众化妆

化妆属于个人隐私，原则是在家中完成化妆过程。需要临时补妆也应在洗手间或隐蔽处。

**3. 化妆的基本程序**

1）妆前准备

妆前准备的程序是：束发—洁面—护肤—修眉。

（1）束发。

（2）洁面。化妆前可用温水及洗面奶洗去脸上的油脂、汗水、灰尘等，以使妆面干净光亮。

（3）护肤。冬季选择霜、膏类护肤品，夏季可选择乳液、水质护肤品，令肌肤柔滑，对皮肤起到保护作用。

（4）修眉。可用眉刀或眉钳根据自己具体的眉形进行修正。

2）化淡妆的步骤

化淡妆的步骤如表 2-1 所示。

表 2-1 化淡妆的步骤

| 基本步骤 | 注意事项 |
| --- | --- |
| （1）打粉底  | ① 粉底选择要适合自己的肤色；<br>② 用海绵或手指取适量粉底涂抹均匀，注意面部与脖子的衔接；<br>③ 底妆要达到调整肤色、遮盖瑕疵、光亮皮肤的效果 |

项目2 形象礼仪

续表

| 基本步骤 | 注意事项 |
|---|---|
| （2）画眼线 | ① 画眼线时要贴着睫毛根部描画，淡妆眼线稍细些；<br>② 上眼线从内眼角向外眼角画，下眼线从外眼角向内眼角画 |
| （3）刷睫毛 | ① 服务人员睫毛膏以黑色、深棕色为宜；<br>② 刷睫毛时先将睫毛用睫毛夹夹翘，然后均匀涂抹睫毛膏 |
| （4）描眉毛 | ① 先用眉笔顺着眉毛的生长方向进行描画；<br>② 再用眉刷定型，最好用深棕色、浅棕色眉笔，切不可将眉毛画成重重的黑色 |
| （5）上腮红 | ① 腮红应涂在微笑时面部的最高点，均匀晕染；<br>② 皮肤白的人一般选用粉色，肤色较深的人一般选用桃红或珊瑚色；<br>③ 如果皮肤比较红润，腮红可以省略 |
| （6）涂唇彩 | ① 通常使用白色或液体唇膏来保持唇部湿润，并使唇膏颜色保持持久；<br>② 唇膏的颜色一般要与腮红颜色保持协调，注意它们的颜色应属同一色系；<br>③ 为避免口红因时间过长产生化开的现象，可以在涂唇膏前先画唇线，但要注意应与唇膏颜色一致 |

#### 4. 化妆注意事项

（1）使用与自己肤色、制服颜色相协调的颜色。

（2）当脸色不好时一定要用粉底与腮红掩盖。使用液体粉底可以使皮肤看起来细腻。在使用粉底时注意不要让脸部与头部有明显的分界线。用海绵上妆可以使底妆匀称。

（3）注意要在饭后补妆，保持妆容整洁。注意脸部的油脂，特别是"T"区内，要定时用吸油纸或纸巾擦干。补妆应在洗手间完成。

（4）要讲究化妆品的卫生，化妆用具要经常清洗，不能借用他人的化妆品。

#### 5. 不同脸型的化妆技巧

1）椭圆脸

椭圆脸是公认的理想脸型，化妆时无须太多掩饰，应注意保持其自然形状。腮红应涂在颊部颧骨的最高处，再向上、向外抹开去。唇彩（除嘴唇唇形有缺陷外）应尽量按自然唇形涂抹。描眉毛时，可顺着眼睛的轮廓修成弧形，眉头应与内眼角对齐，眉尾可稍长于外眼角。

2）长脸

脸型偏长的人，在化妆时需要增加面部的宽度效果。涂抹腮红时应注意离鼻子稍远些，在视觉上拉宽面部，可沿颧骨的最高处与太阳穴下方所构成的曲线部位，向外、向上抹开去。打粉底时，若双颊下陷或者额部窄小，应在双颊和额部涂以浅色调的粉底，造成光影，使之变丰满。眉毛的位置不宜太高，眉毛尾部切忌高翘，修正时应令其呈弧形，切不可有棱有角。

3）圆脸

圆脸给人可爱、玲珑之感，若要修正为椭圆形并不困难。腮红可从颧骨起涂至下颌部，注意不要简单地在颧骨突出部位涂成圆形。唇彩可在上嘴唇涂成浅浅的弓形，不能涂成圆形的小嘴状，以免有圆上加圆之感。利用粉底在两颊造成阴影，显得圆脸消瘦一点。选用暗色调粉底，沿额头靠近发际线处起向下窄窄地涂抹，至颧骨部向下可加宽涂抹的面积，造成脸部亮度，自颧骨以下逐步集中于鼻子、嘴唇、下巴附近部位。眉毛可修成自然的弧形作少许弯曲，不可太平直或有棱角，也不可过于弯曲。

4）方脸

方脸的人以双颊骨突出为特点，因而在化妆时，要设法加以掩饰，增加柔和感。腮红宜涂抹得与眼部平行，在颧骨稍下处往外抹开，切忌涂在颧骨最突出处。利用暗色调粉底在颧骨最宽处造成阴影，令其方正感减弱，下颌部宜用大面积的暗色调粉底造成阴影，以改变面部轮廓。唇彩可涂丰满一些，强调柔和感。眉毛应修得稍宽一些，眉形可稍带弯曲，不宜有棱角。

5）三角脸

三角脸的特点是额部较窄而两腮较阔，整个脸部呈上小下宽状。化妆时应将下部宽角"削"去，把脸型变为椭圆状。腮红可由外眼角处向下抹涂，令脸部上半部分拉宽一些。可利用较深色调的粉底在两腮部位涂抹、掩饰。眉毛宜保持自然状态，不可太平直或太弯曲。

6）倒三角脸

倒三角脸的特点是额部较宽大而两腮较窄小，呈上阔下窄状。人们常说的"心形脸"即指这种脸型。化妆时，需要修饰部分恰恰与三角脸相反。腮红应涂在颧骨最突出处，而后向上、向外抹开。可利用较深色调的粉底涂抹在过宽的额头两侧，而用较浅的粉底涂抹在两腮及下巴处，造成掩饰上部、突出下部的效果。宜用稍亮些的唇彩以加强柔和感，唇形宜稍宽厚些。描眉毛时应顺着眼部轮廓修成自然的眉形，从眉心到眉尾由深到浅，眉尾不可上翘。

项目 2　形象礼仪

## 任务 2.2　服饰礼仪

**任务导读**

服饰是一种无声礼仪，服饰的大方和整洁有一种无形的魅力。它能反映一个人的社会生活、文化水平和各个方面的修养。正如莎士比亚所说："服饰往往可以表现人格。"一个人穿戴什么样的服饰，直接关系到别人对他个人形象的评价。服饰只有与穿戴者的气质、个性、身份、年龄、职业以及穿戴的环境、时间协调一致时，才能达到美的境界。

**知识点**

### 2.2.1　服饰礼仪的基本知识

（1）服饰是一种历史符号。郭沫若先生说："衣裳是文化的象征，衣裳是思想的标志。"古今中外，服饰体现着一种社会文化，反映一个民族的文化素养、精神面貌和物质文明发展的程度。人的服饰能体现时代特点和民族风采。每一个时代的人们，其服饰从质地、色彩到款式造型都会有那个时代的基本特征。

（2）服饰是一种社会符号。服饰的特征在总体上具有与社会背景（政治、经济、文化等）基本一致或相似的地方。如西方的服饰文化专家发现了一个有趣现象，那就是女人裙子的长短与所在国家的经济状况有某种关系：经济萧条时期，为了不让人觉得贫困潦倒，大多穿着长裙子；经济高涨时期，人们已无须显阔，为了灵活、美观，大多选择短裙子。

（3）服饰是一种礼仪符号。服饰同时又是一种"语言"，具有明显的信息暗示功能，能体现一个人的文化修养和审美情趣，也能体现一个人对自己、对他人、对生活的态度，是一个人身份、气质、内在素质的无声表达。讲究服饰礼仪，往往有助于社交的成功。

（4）服饰是一种情感符号。服饰是一种无声的语言，有人把它称作物体语言或人体语言。它能传递出行为主体的情感信息和其他信息。如人在悲伤的时候通常不会穿五颜六色的衣服，大多穿色彩比较暗的衣服。

（5）服饰是一种个性符号。社会正在朝着多元化的方向发展，服饰具有越来越强烈的个性特点，一个人的服饰往往能够传达出他的性格、爱好和心理状态等多方面的信息。

### 2.2.2　服饰礼仪的要求

俗话说："三分长相，七分打扮。"服饰之美，不仅反映出人的审美趣味，给人以美的感受，更重要的是它对人体有着"扬美"与"抑丑"的双重补偿功能。如果对服饰加以科学而巧妙地运用，就会使其与人体构成和谐的美，起到一种相得益彰、锦上添花的作用。这就要求人们要懂得服饰礼仪，并以此为标准修正自己的服饰着装，一般的要求有以下几项。

**1. 整洁要求**

整洁干净是服饰打扮最基本的原则。在社交场合，人们往往通过衣着是否整洁大方来判断一个人的文明涵养,穿着整洁给人以积极向上的感觉,容易得到人们的欢迎和肯定。整洁的原则并不意味穿着的高档时尚,只要保持服饰干净合体、全身整齐有致便可。

**2. 个性要求**

个性指的是社交场合树立个人形象的要求,以独立的身份被社会接纳与承认。个性化的穿着,第一不要盲目赶时髦,最时髦的往往也是最没有生命力的。一位真正懂得流行、具有判断力的人,他的服饰大多是简单的、朴素的,他不是靠奇装异服来赶时髦,而是通过服饰搭配来体现时髦。第二就是穿出自己的风格。服饰的选择要符合个人的年龄、性格、职业、文化素质等,通过服饰彰显自己的气质。

**3. 和谐要求**

所谓和谐是指协调得体。一是指着装应与年龄相符合。少女穿超短裙显得朝气蓬勃、热情奔放,中年妇女穿上则显得不太庄重。二是指着装应与职业相协调。如公务员穿着打扮宜大方朴素;教师不宜穿着奇装异服,打扮得花枝招展。三是指着装应与自身体型相和谐。如浅色服装有扩张作用,瘦人穿可产生丰满的效果;而深色服装给人以收缩感,适宜胖人穿。

**4. 服饰色彩搭配要求**

服饰的美是款式美、质料美和色彩美三者完美统一的体现,形、质、色三者相互衬托构成了服饰美统一的整体。而在生活中,色彩美是最先引人注目的,因为色彩对人的视觉刺激最敏感、最快速,会给他人留下很深的印象。就如皮尔·卡丹所说:"我创作时,最重视颜色,因为颜色很远就可以被看到。"

1) 服饰中的常用颜色及其表现效果

白色表现淡雅、圣洁、纯净,不仅适合于夏天穿着,而且也适合各种肤色的人。红色很鲜艳,有较强的刺激性,代表喜庆、成功、胜利。黄色明亮,代表健康向上、天真活泼。蓝色为安全色,代表宁静、平静、安分守己。绿色被称为生命色,因为树木花草的叶子都是绿色的,它代表青春的活力。黑色给人神秘感,表示高贵、沉着的气质,适合于庄重的场合,但是黑皮肤的人不宜选用这种颜色。紫色是富有想象力的,有人称之为浪漫色,它的种类很多,如果选用得恰当、适宜,和自身的各种因素搭配好,就会显出高雅。褐色为搭配色,适合与任何颜色搭配。灰色为中间色,有随和、庄重之感。

2) 注意服饰颜色的搭配

服饰颜色搭配得合理、恰当,会给人以整体和谐、舒展的感觉;如果搭配得不恰当,则会使整体美、和谐美受到破坏。一般而言,全身服饰不宜超过三种颜色,否则会给人以杂乱无章的感觉。肥胖的人适合穿戴颜色较深的服饰,也可以选用颜色反差小、质地好、垂直线条多的面料,避免穿紧身衣,也不要戴大首饰;瘦人则恰恰相反,适合穿戴颜色浅淡一些的服饰,如果是女士,也可以选用色彩鲜艳、质地粗糙的面料。矮个子女士可以选用颜色一致的紧身、小花、线条少、开领小的服装,穿运动服会很好看,如果穿裙子就不要太长;高个子女士上衣最好穿得淡雅些,下身则可以穿一些较深颜色的裤子或裙子,穿裙子长一些会很好看。

### 2.2.3 服饰礼仪的原则与禁忌

**1. 服饰礼仪的原则**

1) TPO 原则

(1) 时间原则。服务人员在着装时必须考虑时间,时间涵盖了早晨、中午、晚上三个阶段，也包括春、夏、秋、冬四个季节。服装的穿着要做到随时间而更替。

（2）地点原则。特定的地点需要搭配与之相适应、相协调的服饰，以获得整体的和谐感，达到人与地点相匹配的最佳效果。

（3）场合原则。在选择服装时，服装必须同特定场合的气氛相吻合。

2）适合原则

适合是指着装符合自身的条件和特点。服饰美与不美，并非在于服饰价格的高低，关键在于服饰是否得体。着装要适合年龄、身份、季节及所处环境的风俗习惯，更主要的是全身色调的一致性能够达到和谐的整体效果。

适合原则主要包括以下几点。

（1）服饰的样式应与自己的年龄和性别相适配。

（2）服饰的颜色应与肤色相协调。

（3）着装时应考虑自身的形体。

3）干净整洁原则

干净整洁是服饰装扮最基本的原则，具体要求如下。

（1）服装应尽量保持干净、清爽的状态。

（2）服装有污渍时应尽快换洗。

（3）服装应熨烫平整，外观完好。

4）严守规矩原则

（1）着装要严守规矩，不可敞胸露怀，不系纽扣。

（2）着装要注意整体造型，不卷、不挽袖口或裤腿。

**2. 服饰礼仪的禁忌**

1）忌残破

服务人员的服装不能太旧，不能有污渍。职业装是传达企业运营管理理念的重要部分，不合适的穿着会影响企业的形象。

2）忌杂乱

（1）职业装的穿着要整齐，不要有的人穿职业装，有的人不穿职业装，避免给人以杂乱和企业要求不严格的感觉。

（2）职业装要整套穿，同时应注意鞋袜、衬衣的搭配。

3）忌鲜艳

职业装应统一颜色，不能太显眼，一般应遵循三色原则，即一套职业装的颜色不能超过三种。

4）忌暴露

职业装在款式上要利于工作，要新颖而时尚，但不能过于暴露。职业装要做到"四不露"，即不露胸、不露肩、不露腰、不露背。在工作场合不能穿露脐装、露背装、低胸装和露肩装。

5）忌透视

职业装的面料不能太薄，如果透出内衣则会给人不雅的感觉。

6）忌短小

职业装不能太短小，这样既不方便工作，又不雅观。

7）忌紧身

职业装不能太紧身，否则不方便工作。职业装的大小尺寸要合身，穿着要得体。

### 2.2.4 男士服饰的穿着规范与禁忌

在重要会议、会谈、庄重仪式及正式宴会等场合,男士一般以西服为正装。一套完整的西服应包括衬衫、领带、上衣、西裤、腰带、袜子和皮鞋。

图 2-4 所示为铁路服务人员男士职业装。

**图 2-4　铁路服务人员男士职业装**

**1. 男士西服的穿着规范**

男士西服的穿着规范有以下几点。

(1) 整体要求。西服合体,熨烫平整,整洁挺括。男士穿着不求华丽、鲜艳,衣着不宜有过多的色彩变化,颜色不宜超过三种。

(2) 衬衫选择。正装衬衫应以纯色、浅色为主,白色最常用。衬衫领口应挺括、洁净。衬衫衣领应高于西服衣领 1.5 cm 左右;垂臂时,西服袖口应长于衬衫袖口;抬臂时,衬衫袖口应长于西服袖口 1.5 cm 左右,以表现出西服的层次。

(3) 领带的标准。领带是西服的灵魂。在正式场合,男士要打领带,领带有平结、温莎结、半温莎结、交叉结、四手结等系法。领带长度以底端在皮带扣处为宜。

(4) 纽扣系法。西服分为单排扣西服和双排扣西服。单排三粒扣西服宜系上方两粒扣子或中间一粒扣子,单排两粒扣西服宜系上方一粒扣子;双排扣西服的扣子应全部扣上。

(5) 西裤。西裤的长度以触到脚背为宜,裤线应熨烫好,裤扣应扣好,拉链应拉好。

(6) 西服口袋。上衣和西裤后侧口袋尽量不放物品,名片、笔等轻薄物品可放在西服左侧的内侧口袋里。

(7) 鞋袜。穿西服一般配黑色袜子和黑色皮鞋。鞋面应清洁光亮,袜筒不宜过矮。

**2. 男士西服的穿着禁忌**

男士西服的穿着禁忌有以下几点。

(1) 忌西裤过短。

(2) 忌衬衫放在西裤外面。

(3) 忌不扣衬衫扣。

(4) 忌领带太短(一般长度为领带尖盖住皮带扣)或领带打得歪斜。男士领带标准示例如图 2-5 所示。

(5) 忌西服的衣袋内或裤袋内鼓鼓囊囊。

(6) 忌垂臂时西服的袖口短于衬衫的袖口。

（7）忌西服上衣所有的扣子都扣上（双排扣西服除外）。
（8）忌西服配便鞋（如休闲鞋、球鞋、旅游鞋、凉鞋等）。

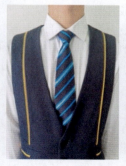

图 2-5　男士领带标准示例

## 2.2.5　女士服饰的选择、穿着规范与禁忌

职业女性在衣着打扮上必须十分注意服装与自己所从事职业的协调性，要求能体现职业女性的气质。

图 2-6 所示为铁路服务人员女士职业装。

图 2-6　铁路服务人员女士职业装

**1. 女士职业装的选择**

在选择女士职业装时应注意以下事项。

（1）职业装应选择质地上乘的面料，上衣与裤子应使用同一种面料。

（2）职业装套裙的色彩应淡雅、庄重，不宜选择过于鲜亮、扎眼的颜色。套裙要与工作环境相协调，以冷色为主，上、下身衣着色彩可一致，也可以是两种不同的颜色。

（3）职业装套裙可选择的裙子款式很多，如西服裙、一步裙、筒裙、A 字裙等。

（4）职业装的款式有职业套裙、职业套裤、分身半职业装、束腰职业装等，应根据不同场合进行选择。

**2. 女士职业装的穿着规范**

女士职业装的穿着规范有以下几点。

（1）上衣。上衣讲究平整挺括，少使用饰物和花边进行点缀，纽扣应全部系上。

（2）裙子。裙子以窄裙为主，年轻女性裙子的下摆可在膝盖以上 3～6 cm，不可太短；

中老年女性裙子的下摆应在膝盖以下 3 cm 左右。裙子里面应穿着衬裙。真皮的或仿皮的西装套裙不宜在正式场合穿着。

（3）衬衫。衬衫颜色以单色为最佳选择。衬衫的下摆应掖入裙腰之内而不是悬垂于外，也不要在腰间打结。衬衫的纽扣除最上面一粒可以不系以外，其他纽扣均应系好。

（4）鞋袜。鞋子应是高跟鞋或中跟鞋，款式应以简单为主。袜子应是高筒袜或连裤袜，一般不要选择鲜艳、带有网格或有明显花纹的丝袜。丝袜的颜色应与西服套裙相搭配。穿西服套裙时应穿肉色丝袜配正装船鞋，穿裤装时应配矮腰丝袜和船鞋。

**3. 女士职业装的穿着禁忌**

女士职业装的穿着禁忌有以下几点。

（1）不要穿过于性感和暴露的服饰。

（2）薄纱型衣、裙、裤因其透光性较强，故穿着时需有内衬，否则会显得十分不雅。一般来说，"透"比"露"更难以让人接受，因为"透"不仅有碍观瞻，而且令穿戴者有不自爱之嫌。

（3）袜子是女性腿部的时装，要注意不应穿着跳丝、有洞或补过的丝袜外出。另外，袜子的大小、松紧要合适，不要走不了几步就往下掉或一高一低，当众整理袜子会有失体统。

### 2.2.6 饰品佩戴礼仪

饰品是指能够起到装饰作用的物件，佩戴饰品的目的在于点缀服饰，同时又能掩饰身体的局部缺陷。

**1. 饰品佩戴的原则**

在饰品佩戴上，服务人员应遵循以下原则。

（1）数量适中。服务人员佩戴饰品的数量宜少不宜多，必要时可以不佩戴。如果想同时佩戴多种饰品，最好不要超过三种；如果没有特殊要求，一般可以使用单一品种的戒指或把戒指和项链、戒指和胸针、戒指和耳钉组合在一起使用；如果佩戴的饰品数量太多，彼此之间不协调，就会给人以烦琐、凌乱和俗气的感觉。

（2）色彩尽量统一。如果服务人员需要同时佩戴两件或两件以上的饰品时，应要求色彩一致、协调。

（3）适合场合。高档饰物，特别是珠宝首饰，适合在隆重的社交场合佩戴，如果在工作或休闲的时候佩戴，就会显得过于张扬。工作时，如果企业允许佩戴饰品，则应佩戴简洁、价格适中的首饰。

（4）符合身份。服务人员在选择饰品时，不仅要照顾个人爱好，还应当符合自己的身份，要和自己的性别、年龄、职业、工作环境保持基本一致，不要相差太多。

（5）适合体形。服务人员在选择饰品时，应考虑自身体形的特点，通过饰品的佩戴来弥补自己身形的不足。

（6）符合季节。季节不同，佩戴的饰品也应不同，如金色、艳色饰品适合冷季佩戴，银色、白色饰品适合暖季佩戴。

（7）服饰协调。佩戴饰品是服装整体搭配中的一个环节，服务人员要兼顾所穿服装的质地、色彩、款式，尽量使两者相互搭配。

（8）尊重习俗。不同的地区、不同的民族，佩戴饰品的习惯也存在差异，要了解并且尊重。

## 2. 常见饰品的佩戴礼仪

（1）项链的佩戴礼仪。项链是女性最常用的饰品之一。一件高贵的礼服配上一条名贵的项链，会使女性显得越发华丽。但若对项链的色彩、质地及造型的各种功用没有正确的认识，则佩戴效果就会适得其反。一般来讲，金项链以"足赤"而给人一种娇贵富丽的感觉；珍珠项链则以白玉透亮而给人以清雅脱俗之感；雕成花球形的不透明象牙材质的项链同样也会让人产生高雅的美感。它们可以与各色服装相配，给人以华美的总体印象。但若它们与不适宜的服装搭配，则可能会完全破坏它的装饰溢美作用，甚至有镀金、矫饰的疑误。同样，景泰蓝、玛瑙、珐琅等项链大多颜色深沉、古朴、典雅，配以明亮的对比色效果可能更佳，但若与衣装颜色过于接近也会因混于一色、不易分辨而失去装饰功能。项链的质地是首先要斟酌的，以质地而论，首推钻石，其次是高雅的珍珠、富贵的金银、神秘的珐琅、古朴的景泰蓝、妩媚的玛瑙、柔美的象牙、沉静的骨质、活泼的贝壳、纯真的菩提珠等。其次还要考虑项链的造型。细小的金项链只有与无领的连衣裙相配才会显得清秀，而挂在厚实的高领衣装外，则会给人以廉价的印象；一串长项链下垂到胸部，有助于改变矮胖、圆脸的体形，给人以增加身高、拉长脸型的印象；而脖子细长的人，以贴颈的短项链，尤以大珠项链最适宜。此外，衣装的质地、面料、颜色、样式及场合的不同对项链的佩戴也有不同的要求。虽然没有严格统一的规范，但也需要随时随地留意观察，寻求规律。

（2）耳环的佩戴礼仪。耳环虽小，却戴在一个明显又重要的位置上，它的色彩、造型对于人的面部形象、气质风采的影响较其他饰品可能更大，可谓是画龙点睛的一笔。耳环的色彩选择原则与项链相似，应首先考虑与衣装色彩相协调。一般来讲，纯白色的耳环和金银耳环可配任何衣服，而鲜艳色彩的耳环则需与衣装相一致或接近；穿淡绿色的衣裙，配上浅黄或浅绿色的耳环会显得清凉、和谐，而配上红玛瑙耳环则会显得不伦不类。耳环的质地也多种多样，常见的有金银、钻石和珍珠三大类。佩戴熠熠闪亮的钻石耳环或洁白晶莹的大珍珠耳环，必须配以深色、高级天鹅绒旗袍或高档礼服，否则会相形见绌。而人们一般习惯佩戴的金银耳环对服装则没有太多的限制。

耳环的造型丰富多彩，选戴的余地也就相对大些。不过，面积较大的扣式耳环显然不适合方脸的女性佩戴，因为它会增加脸庞下部的宽度，而对于下颌较尖的脸型则正好能弥补其缺陷。一般来说，脸型较宽的女性应佩戴体积较小、形状长且贴耳的耳环，这样可以加长和收缩脸型。另外，需注意的是，在不同的礼仪场合宜佩戴不同的耳环。

（3）戒指的佩戴礼仪。戒指不仅是一种重要的饰品，而且是特定信息的传递物。虽然它也有钻石、金银等不同质地，有浑圆、方状及雕花、刻字等不同造型，但其佩戴方法是一致的，表达的含义也是特定的。戴在食指上，表示求婚；戴在中指上，表示正在恋爱；戴在无名指上，表示已订婚或完婚；戴在小指上，表示单身。西方人习惯男戴右手，女戴左手。公关人员应该特别注意准确传递戒指的这种特定信息，避免在公众面前闹笑话。

## 3. 常用的领带打法

领带作为男性的经典正装配饰，成了精英男士衣橱里出现频率最高的饰物。会打领带不稀奇，如果你学会十种领带打法那么一定会令众人刮目相看。下面介绍十种领带打法，包括平结、双环结、交叉结、双交叉结、温莎结、半温莎结、亚伯特王子结、简式结（马车夫结）、浪漫结和四手结。

### 1）平结

平结（见图2-7）是男士们选用最多的领带打法之一，几乎适用于各种材质的领带。领带打好后，领结呈斜三角形，适合窄领衬衫。

图 2-7　平结

要诀：宽边在左手边打，也可换在右手边打；在选择"男人的酒窝"（形成凹凸）时，尽量让两边均匀且对称。

2）双环结

一条质地上乘的领带再搭配上双环结（见图 2-8）颇能营造时尚感，适合年轻的上班族选用。

图 2-8　双环结

要诀：该领带打法完成的特色就是第一圈会稍露出于第二圈之外，千万别刻意地将第二圈盖住第一圈。

3）交叉结

交叉结（见图 2-9）适合于单色素雅质料且较薄的领带。对于喜欢展现流行感的男士，不妨多使用交叉结。交叉结的特点在于打出的结有一道分割线，看上去非常时髦。

图 2-9　交叉结

要诀：注意按步骤打完领带，背面朝前。

4）双交叉结

双交叉结（见图 2-10）很容易体现男士高雅且隆重的气质，适合于正式活动场合选用。该领带打法应多运用在素色丝质领带上，若搭配大翻领的衬衫则更适合且有种尊贵感。

图 2-10　双交叉结

要诀：宽边从第一圈与第二圈之间穿出，完成的集结充实饱满。

5）温莎结

温莎结（见图 2-11）是因温莎公爵而得名的领带结，是最正统的领带打法。打出的结呈正三角形，饱满有力，适合搭配宽领衬衫。该集结应多往横向发展，避免佩戴材质过厚的领带，集结也勿打得过大。

图 2-11　温莎结

要诀：宽边先预留较长的空间，绕带时的松紧会影响领带结的大小。

6）半温莎结

半温莎结（见图 2-12）又称十字结，最适合搭配在浪漫的尖领或标准式领口系列衬衣上。半温莎结是一个形状对称的领带结，它比温莎结小。半温莎结看似很多步骤，做起来却不难，打好后的领带结通常位置很正。

图 2-12　半温莎结

要诀：使用细款领带较容易上手，适合不经常打领带的人。

7）亚伯特王子结

亚伯特王子结（见图 2-13）适用于浪漫扣领或尖领系列衬衫，搭配浪漫、柔软质地的细款领带。"男人的酒窝"两边略微翘起。

图 2-13　亚伯特王子结

要诀：宽边先预留较长的空间，并在绕第二圈时尽量将两圈贴合在一起，即可完成此完美结型。

8）简式结

简式结（见图 2-14）又称马车夫结，适用于质地较厚的领带，最适合打在标准式或扣式领口衬衫上。简式结简单易打，非常适合在商务旅行时使用。其特点在于先将宽端以 180°由上往下扭转，并将折叠处隐藏于后方来完成打结。这种领带结非常紧，流行于 18 世纪末的英国马夫中。待完成后可再调整其领带长度，在外出整装时方便快捷。

图 2-14　简式结

要诀：常见的简式结在所有领带的打法中最简单，尤其适合厚面料的领带，不会使领带结过于臃肿、累赘。

9）浪漫结

浪漫结（见图 2-15）是一种完美的结型，故适合用于各种浪漫系列的领口或衬衫。浪漫结能够通过调整褶皱来自由放大或缩小，而剩余部分的长度也能根据实际需要任意掌控。浪漫结的领带结形状匀称、领带线条顺直优美，容易给人留下整洁、严谨的良好印象。

图 2-15　浪漫结

要诀：领带结下方的宽边压住皱褶可缩小其结型，窄边也可往左或右移动使其小部分出现于宽边领带旁。

10）四手结

四手结（见图 2-16）是所有领结中最容易上手的，适用于各种款式的浪漫系列衬衫及领带。通过四个步骤就能完成打结，故名为四手结。它是最便捷的领带系法，适合于宽度较窄的领带，搭配窄领衬衫，风格休闲，适用于普通场合。

图 2-16　四手结

要诀：类似于平结。

需要注意的是，无论是哪一种材质的领带，都切勿高温熨烫；否则，这条领带会变得很扁，很平，失去领带该有的自然垂坠感。熨烫时，一定要在领带表面先盖一层棉布，避免熨斗直接与领带布面接触。如果用蒸汽式熨斗的蒸汽来处理大面积皱褶，对于边缘较为明显的

折痕则处需要再用熨烫方式处理。

### 2.2.7 铁路客运服务人员服饰要求

**1. 相关规范对服饰的规定**

乘务组换装统一，衣扣、拉链整齐。着裙装时，丝袜统一，无破损。系领带时，衬衣束在裙子或裤子内。外露的皮带为黑色。佩戴的外露饰物款式简洁，限手表一只、戒指一枚，女性还可佩戴发夹、发箍或头花及一副直径不超过 3 mm 的耳钉。不歪戴帽子，不挽袖子和卷裤脚，不敞胸露怀，不赤足穿鞋，不穿尖头鞋、拖鞋、露趾鞋，鞋的颜色为深色系，鞋跟高度不超过 3.5 cm，跟径不小于 3.5 cm。

职务标志佩戴方法：胸章牌（长方形职务标志）戴于左胸口袋上方正中，下边沿距口袋 1 cm 处（无口袋的戴于相应位置），其上包含单位、姓名、职务、工号等内容。臂章佩戴在上衣左袖肩下四指处。按规定应佩戴制帽的工作人员在执行职务时戴上制帽，帽徽在制帽折沿上方正中。除列车长外，其他客运服务人员在车厢内作业时可不戴制帽。

餐车加热、供应餐食时，服务人员戴口罩、手套；女性穿围裙。

**2. 客运服务人员配饰要求补充**

（1）穿着制服时不宜佩戴无固定性的饰品，如手链、悬垂挂件、脚链等。
（2）制服上不得佩戴任何饰物，只佩戴号码牌与职务标志。
（3）男女客运服务人员均可佩戴手表，但手表的款式、颜色应简单而不夸张，宽度宜为 2～3 cm，不得佩戴珠宝表、运动表或卡通表。

## 任务 2.3  微笑礼仪

### 任务导读

神态表情，通常是指一个人在面部所表现出来的其内在的思想、感觉和情绪，它包括眼神、笑容及面部肌肉的综合运动。在一般的交谈中，眼神要亲切自然，面带笑容，保持开朗的心态，这样才有利于营造和谐、融洽的工作气氛。微笑传递自信、热情和友好，体现真诚友善，表现敬业乐业。如果缺少服务人员的微笑，就好比花园失去了春日的阳光和春风。

### 知识点

#### 2.3.1 微笑认知

微笑是人际交往中最富有吸引力、最有价值的面部表情，是打开人与人心扉的通用语言。对铁路客运服务人员来说，微笑不仅是自身文化素质和礼貌修养的体现，更是对乘客的尊重与热情的体现。

**1. 微笑的种类**

（1）温馨的微笑（见图 2-17）。只牵动嘴角肌，两侧嘴角向上高于唇心，但不露出牙齿。

适用于和陌生乘客打招呼时。

（2）会心的微笑（见图 2-18）。嘴角肌、颧骨肌与其他笑肌同时运动，牙齿变化不大但要有眼神交流和致意的配合，适用于表示肯定、感谢时。

（3）灿烂的微笑（见图 2-19）。嘴角肌、颧骨肌同时运动，露出牙齿，一般以露出 6～8 颗牙齿为宜，适用于交谈进行中。

图 2-17　温馨的微笑　　　　图 2-18　会心的微笑　　　　图 2-19　灿烂的微笑

**2. 微笑的基本原则**

（1）主动微笑的原则。在与乘客目光接触的时候，首先要向乘客微笑，然后再开口说话，主动创造友好的氛围。

（2）真诚微笑的原则。微笑是自内心发出的，表示对乘客的尊重和理解。

（3）服务中含笑的原则。脸上有笑，眼睛更要有笑。

**3. 微笑的禁忌**

（1）不要缺乏诚意，强装笑脸。

（2）不要露出笑容随即收起。

（3）不要仅为情绪左右而笑。

（4）不要只把微笑留给上级、朋友等少数人。

### 2.3.2　微笑的作用

（1）亲和的微笑可以改善服务态度，提高服务质量。微笑对乘客的情绪有主动引导的作用，乘客的情绪往往受服务人员态度的影响。在服务过程中，由于微笑的表情，服务人员很自然地使用温和的语调和礼貌的语气，这不仅能引发乘客发自内心的好感，有时还可稳定乘客焦虑急躁的情绪，使乘客在整个交往过程中感到轻松和愉快。

（2）亲和的微笑可以拉近和乘客间的距离。客运服务人员的微笑可以从情感上拉近与乘客的距离。当乘客遇到问题或困难时，就会很自然、很及时地提出，这有助于服务工作有的放矢地展开，避免一些小问题或困难不能被发现和解决，从而直接影响服务质量。

（3）微笑能带来良好的首因效应。首因效应又称第一印象，是指在第一次交往过程中形成的最初印象。它具有先入为主的特点，不仅影响乘客的心理，而且影响服务交往，有时甚至影响服务工作的顺利进行。一旦乘客对服务人员产生了不好的第一印象，要改变它是十分艰难的，往往要付出比先前多出几十倍的精力。所以在与乘客初次交往时，微笑相迎是相当必要的。它能快捷地使服务人员与乘客的关系变得融洽，收到事半功倍的效果。

## 2.3.3 微笑练习

**1. 微笑练习的基本方法**

首先要放松自己的面部肌肉，然后使自己的嘴角两端平均地微微向上翘起，让嘴唇略呈弧形，不牵动鼻子，不发出笑声，轻轻一笑。可露出6～8颗牙齿，不能露出牙龈。微笑是人面部各部位的综合运动，若忽视其整体的协调配合，微笑往往不自然。通常，一个人在微笑时，应当目光柔和发亮，双眼略微睁大，眉头自然舒展，眉毛微微向上扬起，但应该避免耸动自己的鼻子与耳朵。

**2. 微笑训练**

（1）照镜子练习法。对着镜子找到自己最满意的笑容。

（2）情绪记忆法。多回忆美好的往事，情绪保持饱满、愉快，这样的微笑才是发自内心的。

（3）发音练习法。发"一""七""茄子""钱"练习嘴角肌的运动，使嘴角露出微笑，重复多做几次，直到感觉自然为止。

（4）情景熏陶法。通过美妙的音乐创造良好的环境氛围，美妙的音乐让人心情愉悦、放松身心。在生活中，同学之间通过对视、打招呼来练习微笑，自觉运用微笑。

### 拓展阅读

#### 动车组制服演变史

**1. 第一套动车组制服**

2007年动车刚开行的第一套制服，和其他列车一样用的是路服。蓝色单排扣衬衫上衣，藏青色单排扣西服领外套，藏青色"一步裙"，另外搭配大红色领带、领花。稍带军人风格的制服看起来庄重大方，体现当时半军事化的设计理念。第一套动车组制服如图2-20所示。

图2-20 第一套动车组制服

### 2. 第二套动车组制服

第二套动车组制服有了变化，在稳重中透出一丝跳跃的色彩，白色立领衬衫搭配藏青色竖条马甲和斜纹一步裙，衬衫领部与袖口都有细条镶边，白色细边掐腰凸显出女性的柔美，展现了端庄大方、优雅知性的气质。第二套动车组制服如图2-21所示。

图2-21　第二套动车组制服

### 3. 第三套动车组制服

第三套动车组制服是紫金花刺绣外套，搭配一条紫色侧边开叉一步裙，显得端庄得体。紫色历来是高贵的象征，这套制服让动车组乘务员显得更加高贵典雅，特别是外套领口的弧形设计，更是带有东方女性的特有气质。第三套动车组制服如图2-22所示。

图2-22　第三套动车组制服

### 4. 第四套动车组制服

第四套动车组制服是紫红色刺绣毛呢外套，配上仿苏杭古款立领衬衫和一步裙，领口的盘扣不经意间凸显了江南女子的精致，加上外套上的花纹刺绣，一股浓浓的江南风情扑面而来。第四套动车组制服如图2-23所示。

### 5. 第五套动车组制服

第五套动车组制服款式从便于工作的角度设计，看起来简洁、合体、干练，通身采用深紫色，样式简单大方。这套制服端庄居多，但丝巾花又添了几分妩媚，就像动车组乘务员提供的服务——规范却不失人性化。第五套动车组制服如图 2-24 所示。

图 2-23　第四套动车组制服

图 2-24　第五套动车组制服

## 6. 第六套动车组制服

第六套动车组制服通体是鲜艳明快的大红色，辅以丝巾、领结等配饰。这种变换突破了色彩与样式的局限，显现出女性温柔、优雅的特质，让人见之欣喜，乘车旅途也随之欢乐起来。第六套动车组制服如图 2-25 所示。

## 7. 第七套动车组制服

第七套动车组制服选用了量身剪裁的橙红色外套，搭上丝巾做装饰，穿在美丽清秀、身材高挑的乘务员身上，让旅客踏进车厢就感觉到温暖而亲切。在设计样式上第七套制服更加具有时代气息和现代感，突出了东方女性的柔美感。第七套动车组制服如图 2-26 所示。

图 2-25　第六套动车组制服

图 2-26　第七套动车组制服

## 思政园地

### 微笑在您身边　感动留您心间
#### ——银川站"向阳花"党内优质品牌

银川站"向阳花"党内优质品牌（见图2-27）创建于2006年。十多年来，该站一直秉承"微笑在您身边 感动留您心间"的工作理念，不断拓展服务内容、优化服务举措，总结提炼出"三亮出""四专""望、闻、问、切"等一系列工作法，得到了广大旅客和社会各界的一致好评。2014年6月，银川站"向阳花"党内优质品牌被中国铁路总公司党组命名为全路党内优质品牌。

图 2-27　银川站"向阳花"党内优质品牌

"向阳花"党内优质品牌团队人员主要由党员、团员、先进典型组成，目前共有工作人员20名，其中党员8名，平均年龄27岁。品牌带头人唐静为团队总结提炼出"望、闻、问、切"四字工作法。唐静带领的班组曾荣获全国工人先锋号，她个人也曾荣获火车头奖章。"向阳花"党内优质品牌团队先后培养出一大批技术能手、劳动模范、优秀年轻干部，为车站的发展提供了人才保障，真正成为人才培养的基地。

为更好地顺应发展，银川站紧紧围绕"人民铁路为人民"的服务宗旨，对"向阳花"党内优质品牌进行深化打造，使之成为政治引领的高地、展示形象的窗口、人才培养的基地、攻坚克难的堡垒、文明建设的践行者，以品牌引领提升服务质量。他们通过"线上+线下"的服务模式为品牌发展注入了新动能，自开通官方微博以来，已发布温馨提示5万多条。近年来，他们又开通了银川站微信公众号，为旅客提供重点旅客预约等服务，多方位体现"小窗口、大服务、暖民心"的服务新功能。

"向阳花"党内优质品牌创建以来，共培育出火车头奖章获得者1名、全路优秀共产党员2名、局集团公司级劳动模范2名、局集团公司级技术能手43名，培养中层及以上管理干部6名、一般管理干部15名；共收到锦旗130余面、表扬信380余封，赢得了旅客的赞誉和社会各界的一致好评，充分发挥了品牌对内示范引领、对外展示铁路形象的作用。

# 项目2 形象礼仪

## 任务训练

### 1. 任务内容及要求

任务内容：举办一次化妆大赛。

任务要求：熟练掌握盘发与化妆步骤，让同学们共同学习和分享彼此的化妆经验和心得。

### 2. 任务评价

| 序号 | 考核内容 | 权重/% | 考核评价 | | | |
|---|---|---|---|---|---|---|
| | | | 个人评价 | 小组评价 | 教师评价 | 得分 |
| 1 | 头发 | 20 | | | | |
| 2 | 面部 | 20 | | | | |
| 3 | 手及指甲、体味等 | 20 | | | | |
| 4 | 总体印象 | 20 | | | | |
| 5 | 经验和心得 | 20 | | | | |
| | 项目得分统计 | | | | | |

# 项目 3
# 姿态礼仪

## 🟢 知识目标
1. 熟悉并掌握铁路服务人员的站姿、坐姿、行姿、蹲姿的基本要求。
2. 熟悉并掌握铁路服务人员的鞠躬、握手、手势等服务仪态动作的基本要求。

## 📍 能力目标
1. 能够通过仪态礼仪建立铁路服务人员的服务角色感。
2. 能够主动运用优雅得体的行为向乘客传达尊重之情。

## 🚩 思政目标
1. 充分理解铁路服务人员的职业举止风貌能够提高铁路服务的品质,潜移默化地在学习中主动塑造铁路服务人员良好的仪态,提升职业素养。
2. 规范优雅的铁路服务礼仪,展现了铁路工作人员的外在美和内在素养,能够提高乘客和货主的满意度和忠诚度,提升铁路企业形象,实现铁路优质服务品牌的增值。

## 🚩 引导案例

### 得体的仪态说服乘客

站台上,距离站务员较远处,有一名男乘客以蹲姿在安全线以外候车。

站务员用扩音器提醒乘客:"先生,请不要蹲在安全线以外候车,谢谢!"乘客不理会。

站务员走近,弯下腰去,摆出"请"的手势对乘客说:"您好,这样不够安全,您可以到旁边安全线以内休息。"

乘客仍然不听:"我喜欢在这蹲着,关你什么事?"

站务员:"列车进站时速度很快,风也很大,我们要确保乘客安全。而且其他乘客可能会跟着您这样做,会有很大的安全隐患。"

乘客不再坚持,站务员将他引导至安全区域。

导入问题:

该名站务员的哪些行为值得我们学习?

## 任务 3.1　站姿礼仪

### 任务导读

站姿即站相，它是人们平时经常采用的一种静态的身体造型，又是其他各种静态或动态身体造型的基础。"站有站相"是对一个人仪态的最基本要求，优美得体的站姿能衬托出铁路服务人员优雅的气质和风度，也是铁路服务人员培养仪态美的起点。

### 知识点

#### 3.1.1　站姿的基本要求

铁路服务人员的站姿应端庄、自然、亲切、稳重，才能彰显规范的职业形象。

站姿的基本要求为：站立时，竖看要有直立感，即沿中心线（从头部中心延伸经过颈、肩、臀、膝及脚底）使整个身体挺拔劲秀；横看要有开阔感，即四肢及身体姿态给人以舒展的感觉；侧看要有垂直感，即从耳与颈相接处至脚的踝骨前侧应大体呈直线，给人以挺、直、高的美感。

标准站姿的基本要求为：头正，肩平，挺胸，收腹，立腰，裹臀，双臂自然下垂，双腿并拢立直，脚跟靠紧。

具体标准如下。

**1. 头正**

脖颈挺直，头部微微抬起，两眼平视前方，嘴微闭，下颌微微内收，表情自然，稍带微笑。

**2. 肩平**

颈部挺直，两肩平正，稍向后下沉，微微放松，气沉于胸腹之间，呼吸自然。

**3. 臂垂**

双臂自然平衡、放松，自然下垂于体侧。

**4. 躯挺**

胸部挺起，腹部往里收，腰部直立，臀部向内向上收紧，髋部两侧略向中间用力，上体自然挺拔。

**5. 腿并**

两腿并拢直立，腿部肌肉收紧，大腿内侧夹紧，双膝紧靠在一起，身体重量应当平均分布在两条腿上。

为了维持较长时间的站立或稍事休息，标准站姿的脚姿可作变化。

（1）两脚分开，两脚外沿宽度以不超过两肩的宽度为宜（适用于男士）。

（2）一脚在前，将脚尖向外略展开，形成丁字相交，身体重心在两腿上（适用于女士）。

（3）以一只脚为重心支撑站立，另一只腿稍曲以休息，然后轮换。

### 3.1.2 站姿的分类

**1. 基本站姿**

男士、女士基本站姿分别如图3-1和图3-2所示,双臂自然下垂,五指合拢,中指对准裤缝,两脚跟并拢,两脚尖呈扇形(V形),张开角度在45°~60°之间。基本站姿适用于训练标准体态时或者用在一些庄重场合,如升国旗、接待劳模或社会知名人士等特殊乘客时。

图3-1 男士基本站姿

图3-2 女士基本站姿

**2. 常见服务站姿的分类**

大多数铁路服务人员的站立时间较长,为了维持较长时间的站立,可在基本站姿的基础上演变出一些比较放松的站姿。常见的有以下几种。

1)男士常见站姿

(1)前腹分腿式站姿。双手交叉于腹前,左手握住右手腕,双脚分开(双脚外沿宽度以不超过两肩的宽度为宜),身体重心落于两脚之间,脚部疲惫时还可使身体重心在两脚间轮换。前腹分腿式站姿及其手、脚细节如图3-3和图3-4所示。这种站姿显得郑重而略微自由,适合在工作中与乘客交流时使用。

图3-3 前腹分腿式站姿

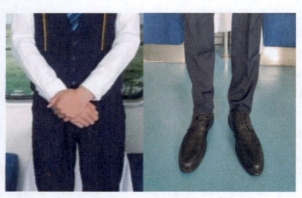
图3-4 前腹分腿式站姿手、脚细节

(2)背手分腿式站姿。双手交叉于背后,左手握住右手手腕,自然贴于背部,双脚分开

（双脚外沿宽度以不超过两肩的宽度为宜），如图 3-5 所示。这种站姿为在前方无人的情况下铁路服务人员在巡视时可运用的站姿。

### 2）女士常见站姿

（1）丁字步站姿。女士的丁字步站姿主要为前腹式，双手虎口交叠于腹前，贴于肚脐处，如图 3-6 所示，手指伸直但不外翘，双腿并拢，膝盖紧贴，双脚站成小丁字步，如图 3-7 所示。这种站姿礼仪性较强，适用于较正式的迎送场合。

（2）扇形步站姿。扇形步站姿即小八字步站姿，其要领如下：双手交叉握于腹前，双腿和脚跟并拢，脚尖分开约 60°，站成小八字步，如图 3-8 和图 3-9 所示。这种站姿较为自由，可适用于不太正式的交谈场合。

图 3-5　背手分腿式站姿

图 3-6　丁字步站姿

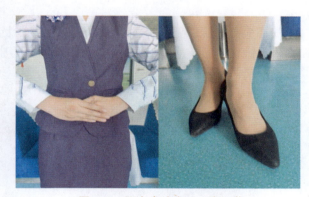

图 3-7　丁字步站姿手、脚细节

图 3-8　扇形步站姿

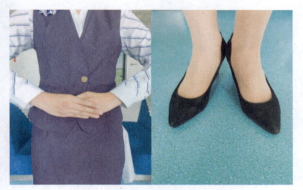

图 3-9　扇形步站姿手、脚细节

## 3.1.3　服务站姿的禁忌

不良的站姿会影响到体内的血液循环，可能会压迫内脏。因此，不管在形体上还是在外貌上，不良的站姿都会对人体产生消极的影响。

## 1. 身位不当

### 1）弯腰驼背

在站立时，一个人如果弯腰驼背，最明显的体态就是腰部弯曲、背部弓起，同时伴有颈部弯缩、胸部凹陷、腹部凸出、臀部撅起等，显得一个人缺乏锻炼、无精打采，甚至身体情况不佳。

### 2）歪歪斜斜

站立时，身躯明显歪斜，如头偏、肩斜、腿曲、身歪或是膝部不直，直接破坏了人体的线条美，如图3-10所示。有时还会看到某些站务人员将身体倚靠在柱子、墙壁或是桌子旁，甚至还伴有身体的晃动或抖动，这样会显得颓废消沉、萎靡不振。

### 3）浑身乱动

站立是一种相对静止的姿态，故在站立时，不宜频繁地变动体位，甚至浑身上下乱动不止。

## 2. 手位不当

在站立时，站务人员必须注意以正确的手位去配合站姿。若手位不当，则会破坏站姿的整体效果。

（1）双手抱在脑后，显得不成熟、不专业，随意性强。

（2）用手托着下巴，显得当班时心不在焉，缺乏积极向上的心态。

（3）双臂交叉在胸前，如图3-11所示，显得盛气凌人，容易使乘客有受压迫之感。

图3-10　身躯明显歪斜

图3-11　双臂交叉在胸前

（4）双手抱于胸前，显得不自信，有防御、戒备之嫌。

（5）把肘部支在某处，显得不庄重、无礼、瞧不起他人。

（6）双手或单手叉腰，往往含有进犯之意，对乘客非常不尊重。

（7）将手插在衣服或裤子口袋里，有消极、散漫之嫌。

（8）不时做小动作，如玩弄衣服、发辫及咬手指甲等，显得拘谨，给人以缺乏自信的感觉。

## 3. 腿位不当

（1）两腿交叉站立，显得不成熟、不严肃。

（2）两腿分开过大，男性站务人员站立时两腿分开超过肩宽，会给乘客以大大咧咧、不拘小节的感觉；女性站务人员站立时双腿不能分开，否则将会被认为是不注重细节、没教养。

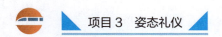

项目3 姿态礼仪

**4. 脚位不当**

（1）人字步脚位，也就是"内八字"步，给人一种身体扭曲感，不庄重大方。

（2）蹬踩式脚位，指的是在一只脚站在地上的同时，把另一只脚踩在其他物体上。这种脚位显得不文明、没有素质和教养。

## 任务 3.2　坐姿礼仪

### 任务导读

优雅的坐姿传递着自信、友好、热情的信息，同时也显示出高雅庄重的良好风范，坐姿要符合端庄、文雅、得体、大方的整体要求。坐姿与站姿同属一种静态造型。正确规范的坐姿要求端庄而优美，给人以文雅、稳重、自然大方的美感。坐是举止的主要内容之一，坐姿要求"坐如钟"，指人的坐姿像座钟般端直，当然这里的端直指上体的端直。优美的坐姿让人觉得文雅、端正、稳重大方。

### 知识点

#### 3.2.1　服务坐姿的基本要求

铁路服务工作人员服务坐姿的基本要求如下。

**1. 注意头部端正**

不要出现仰头、低头、歪头、扭头等情况。整个头部看上去应当如同一条直线和地面相垂直。

**2. 注意身体直立**

坐好后，身体也要注意端端正正。

1）椅背的倚靠

工作时，不应当把上身完全倚靠着座椅的背部，最好一点都不倚靠。

2）椅面的占用

坐好后占用椅面的 3/4 左右，最合乎礼节。

3）身体的朝向

在交谈时，为表示重视，不仅应面向对方，而且同时应将整个上身朝向对方。

4）基本的轮廓

上身应正直，胸部挺直，腹部内收，腰部与背部一定要直立。

**3. 注意手臂摆放**

男士可以将双手各自放在一条大腿上，女士可以双手叠放后放在腿上。侧身与人交谈时，通常宜将双手置于自己所侧一方的那条大腿上。如果坐在桌子边，可将双手平扶于桌子边沿，或是双手相握置于桌面上。注意避免一手置于桌上，一手放在桌下的姿态。

**4. 下肢的体位要求**

男士可以双膝打开，但不超过肩宽。女士必须双膝合拢。可以"正襟危坐"，也可以双脚

49

交叉,还可以前伸后曲。

### 3.2.2 服务坐姿的分类

**1. 男士常见服务坐姿**

1)正坐式坐姿

正坐式坐姿是指上身与大腿、大腿与小腿、小腿与地面均成直角,双膝、双脚自然分开(不超过肩宽),双手分别放在两腿上,正面和侧面如图3-12和图3-13所示。

图3-12 正坐式坐姿正面(男士)　　图3-13 正坐式坐姿侧面(男士)

2)重叠式坐姿

重叠式坐姿是指双腿上下交叠,下面那条腿的小腿与地面垂直,上面那条腿的小腿向里收,紧贴下面的那条腿,双手互握放在大腿上,正面和侧面如图3-14和图3-15所示。采用这种坐姿时,切勿双手抱膝或双腿抖动。

图3-14 重叠式坐姿正面(男士)　　图3-15 重叠式坐姿侧面(男士)

**2. 女士常见服务坐姿**

1)正坐式坐姿

正坐式坐姿是指上身与大腿、大腿与小腿、小腿与地面均成直角,双腿并拢,双膝紧贴,双手虎口相交放于左腿上,正面和侧面如图3-16和图3-17所示。

图 3-16　正坐式坐姿正面（女士）　　图 3-17　正坐式坐姿侧面（女士）

2）侧点式坐姿

　　侧点式坐姿是指上身坐直，双腿并拢，大腿与上身垂直，小腿与上身平行并斜放于一侧，与地面成 45°角，双手虎口相交放于左腿上，正面和侧面如图 3-18 和图 3-19 所示。

图 3-18　侧点式坐姿正面　　　　图 3-19　侧点式坐姿侧面

3）交叉式坐姿

　　交叉式坐姿与侧点式坐姿相似，不同之处在于双脚在脚踝处交叉，正面和侧面如图 3-20 和图 3-21 所示。

图 3-20　交叉式坐姿正面　　　　图 3-21　交叉式坐姿侧面

**4）重叠式坐姿**

重叠式坐姿是指上身坐直，双腿上下交叠得无任何空隙，小腿与上身平行并斜放于一侧，与地面成45°角，双手虎口相交放于大腿上，正面和侧面如图3-22和图3-23所示。

 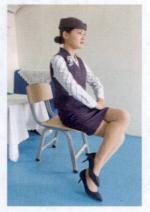

图3-22　重叠式坐姿正面（女士）　　　图3-23　重叠式坐姿侧面（女士）

### 3.2.3　入座与离座的基本要求

**1. 入座的基本要求**

和客人一起入座或同时入座时，要分清尊卑，先请对方入座，自己不要抢先入座。如果条件允许，在就座时最好从座椅的左侧接近它。在就座时，如果附近坐着熟人，应该主动跟对方打招呼。即使不认识，也应该先点点头。在公共场合，要想坐在别人身旁，必须征得对方的允许，还要放轻动作，不要使座椅乱响。得体的做法是：先侧身走近座椅，背对着座椅站立，右腿后退一点，以小腿确认一下座椅的位置，然后顺势坐下。必要时，用一只手扶着座椅的把手。

**2. 离座的基本要求**

**1）事先说明**

离开座椅时，身边如果有人在座，应该用语言或动作向对方先示意，随后再站起身来。

**2）注意先后**

和别人同时离座时，要注意起身的先后次序。地位低于对方时，应该稍后离座。

**3）起身缓慢**

起身离座时，最好动作轻缓，不要弄响座椅或将椅垫、椅罩弄得掉在地上。

**4）从左离开**

和"左入"一样，"左出"也是一种礼节。

### 3.2.4　服务坐姿的禁忌

**1. 上身姿势不正**

**1）上身趴伏**

入座后，上身趴伏在工作桌、椅或本人腿上，会给对方身体不适或萎靡不振的印象，如图3-24所示。

## 2）仰靠椅背

上身歪斜，仰靠在椅背上，会给对方慵懒无力的印象，如图 3-25 所示。

图 3-24 上身趴伏

图 3-25 仰靠椅背

### 2. 腿部姿势不正

#### 1）跷二郎腿

面对服务对象时，不能跷二郎腿，更不能摇动，这样会给对方傲慢和随意的印象，如图 3-26 所示。

#### 2）双腿叉开过大

不管是男性还是女性，大腿或小腿叉开过大都会显得非常不雅。一般男性双腿叉开不超过肩宽，女性尽量将腿并拢，身着裙装的女性尤其要注意这点。

#### 3）双腿直伸出去

双腿直伸出去的坐姿不但会使自己身体陷入椅子里，造成不雅的形象，而且伸出去的腿脚也容易绊倒别人，造成不必要的纠纷，如图 3-27 所示。

图 3-26 跷二郎腿

图 3-27 双腿直伸出去

#### 4）将腿放在桌椅上

作为一名铁路站务人员，不管在工作场所或休息场所，都不能为图舒服就把腿架在高处，

## 铁路运输服务礼仪

放在面前桌子或椅子上,这种行为是非常粗鲁的。另外,也不能够把腿盘在坐椅上。

### 5）抖腿

有两种情况可能发生抖腿:一种是内心恐慌而产生的不自主地抖腿;一种是习惯性抖腿。不管是哪种情况,反反复复地抖动或摇晃自己的腿部,再加上腿部晃动时发出的某种声音,都会让对方心情烦躁。

### 3. 脚部姿势不正

入座后,脚部应按照坐姿要求平放在地上或前脚掌着地,不能随意地将脚踩踏在其他物体上,否则会显得没有修养。

### 4. 手部姿势不正

#### 1）手乱放

入座后,双手要放在大腿上,也可放在面前的桌上,但不可将双手夹在两腿间或垫在臀下,也不能将双肘支在桌子上。

#### 2）双手抱腿

双手抱腿是一种惬意、放松的休息姿势,不适用于工作场合。

#### 3）手触摸脚部

入座后不要再用手抚摸小腿或脚部,既不卫生又不雅观。

#### 4）手托下巴

服务场合中用手托下巴的坐姿,会让人产生漫不经心、心不在焉的感觉,如图3-28所示。

除以上的不良坐姿外,当座椅是转椅时,也会发现一些不文明的坐姿,例如,总是转动椅子、懒散懈怠来回拖着椅子操作等,这些不良行为都需要站务人员尽量克服。

图3-28 手托下巴

## 任务 3.3 行姿礼仪

### 任务导读

行姿是站姿的延续动作,是在站姿的基础上展示人体动态美的一种方式。正确的行姿礼仪可以体现出一个人朝气蓬勃、积极向上的精神状态。铁路服务人员要掌握正确的行姿礼仪,力求做到"行如风",给乘客展现良好的精神面貌。

### 知识点

### 3.3.1 服务行姿基本要求

#### 1. 步态端正

昂首挺胸,收腹提臀,双肩放平、下沉,双目平视,重心稍向前倾,双臂自然地前后摆动(摆动角度在30°~40°之间),前摆角度大于后摆角度。掌心朝内,手指自然弯曲,脚尖伸向正前方，脚跟先于脚掌着地，脚尖推动不断前行。

**2. 步位平直**

男士的步位路线为两条平行线，女士的步位路线应尽可能为一条直线。

**3. 步幅适中**

步行时双脚中心间的距离应适中，男士的步幅一般约为 40 cm，女士的步幅一般约为 30 cm。

**4. 风格有别**

男士应步伐矫健、稳重，展现阳刚之美；女士应步伐轻盈、娴雅，展现阴柔之美。

**5. 步速均匀**

行走的速度应保持均匀、平衡，不要忽快忽慢，正常情况下，每分钟走 60～100 步。

### 3.3.2 服务行姿特例标准

**1. 陪同引导**

陪同时可以走在对方旁侧身后，引导时应该走在对方前方。一般的规则是礼让右方，因此，引导者应走在对方左前方 1 m 左右的位置。陪同人员行走的速度要考虑到和对方相协调，不可以走得太快或太慢。每当经过拐角、楼梯或道路坎坷、照明欠佳的地方时，都要提醒对方留意，并伴有必要的手势和采取一些特殊的体位。如请对方开始行走时，要面向对方，稍微欠身；在行进中和对方交谈或答复提问时，把头部、上身转向对方。

**2. 上下楼梯**

楼梯上行人来往频繁，所以不要停在楼梯上休息、站在楼梯上和人交谈或是在楼梯上慢慢悠悠地走。坚持"右上右下"原则。上下楼梯、自动扶梯时，都不应该并排行走，而要从右侧上下，让出左边的地方供有急事的人通过。上下楼梯时，不要和别人抢行。出于礼貌，可以请对方先行。如果是陪客人上楼，陪同人员应该走在客人的后面；如果是下楼，陪同人员应该走在客人的前面。

**3. 进出电梯**

使用电梯时，大致上应当注意以下四个问题。

1）无人驾驶的电梯

工作人员必须自己先进后出，方便控制电梯。如果是有人驾驶的电梯，则应"后进后出"。

2）牢记"先出后进"

乘电梯一般的规矩是先让里面的人出来，外面的人再进入。

3）尊重周围的乘客

进出电梯时，应该侧身而行，免得碰撞别人。进入电梯后，要尽量站在里面。人多的话，最好面向内侧，或与他人侧身相向。下电梯前，应做好准备，提前换到电梯门口。

4）使用专用的电梯

假如本单位有这样的规定，就一定要自觉地遵守。有可能的话，工作人员不要和来访客人混用同一部电梯。

**4. 出入房门**

进入或离开房间时，应注意以下细节。

铁路运输服务礼仪

1）先通报

在出入房间时，特别是在进入房间前，一定要先轻轻叩门或按铃，向房间内的人进行通报。贸然出入或者一声不吭，都显得冒失。

2）以手开关

出入房间，务必要用手来开门或关门。用肘部顶、用膝盖拱、用臀部撞、用脚尖踢、用脚跟蹬等方式都是不妥的做法。

3）后入后出

和别人一起先后出入房间时，为了表示礼貌，应当自己后进门、后出门，而请对方先进门、先出门。

4）为人拉门

在陪同引导别人时，有义务在出入房间时替对方拉门或是推门。在拉门或推门后要使自己处于门后或门边，以方便他人进出。

### 3.3.3 服务行姿的禁忌

走路的姿势不好，会影响人的美观，甚至会导致腿部肥胖，当然，如果是先天遗传的腿形问题，我们不能在背后嘲笑别人的缺陷，这是缺乏道德和修养的表现。下面列举几种错误的走路姿势。

（1）不要内八字和外八字，内八字走法长久下来会造成 O 形腿。外八字走法长久下来会使膝盖向外，感觉没有气质，腿型也会变丑，甚至产生 X 形腿。

（2）不要踢着走，因为身体会向前倾，走路时只有脚尖踢到地面，然后膝盖一弯，脚跟往上一提，用这种姿势走路的时候腰部很少出力，很像走小碎步一般，会使整条腿变胖。

（3）不要踮着脚尖走路，由于过于在脚尖上用力，会使膝盖因为脚尖用力的关系而太用力于腿肚上，很容易导致萝卜腿。

（4）不要甩手或把手插入衣袋内，也不要倒背着手。

（5）不要扭腰摆臀、歪肩晃膀、弯腰驼背，这样有伤大雅，不美观。

（6）不要左顾右盼、盯住行人乱打量或指指点点对别人评头论足，这样有失礼貌。

（7）不要蹦蹦跳跳，这样会给人心浮气躁、不稳重的感觉。

（8）不要上半身前倾，这样既不美观又不健康。

（9）应有意识地控制声响。正确做法应注意走路要轻，不要穿带有金属鞋跟或钉有金属鞋掌的鞋，穿鞋要跟脚，不穿大鞋。

## 任务 3.4 蹲姿礼仪

### 任务导读

蹲姿虽然不像站姿、坐姿那样频繁使用，但也是不能忽视的体态。有时铁路客运服务人员不得不蹲下去拾一些东西，但一般人比较习惯随意地弯下腰，使臀部向后翘起，上身向前倒，看上去实在不雅观，也不礼貌，而且容易损伤腰部的肌肉。注意自己举止的人，尤其是女士，应该注意蹲的姿态。因此，铁路服务人员要掌握正确的蹲姿礼仪，以体现服务人员的文雅和礼貌。

> 知识点

### 3.4.1 允许蹲姿的情况

**1. 整理着装**

例如蹲下整理自己的鞋袜。

**2. 给予帮助**

例如在与小孩子交谈时，小孩子比较矮小，可以采用蹲姿。

**3. 提供服务**

例如打扫列车卫生、摆放行李物品时，需要采用蹲姿。

**4. 捡拾物品**

这是采用蹲姿最多的情况之一。

### 3.4.2 服务蹲姿的基本要求

对于铁路服务人员来说，良好的蹲姿既显得大方得体，又体现对乘客的尊重、体贴和关心。

其基本要求如下。

**1. 顺势下蹲**

蹲下屈膝，头、胸、膝关节在一个角度上，蹲姿自然。

**2. 上身挺拔**

保持脊背挺直下蹲，臀部向下。

**3. 掌握重心**

两腿合力支撑身体，掌握好身体的重心，避免滑倒。

**4. 神情自然**

表情得体、大方，不遮遮掩掩。

**5. 起身平稳**

小腿和脚部用力平稳起身。

### 3.4.3 服务蹲姿分类

**1. 裤装蹲姿**

1）高低式蹲姿

高低式蹲姿是铁路服务人员最常用的蹲姿，基本特征是两膝一高一低。以捡拾右侧物品为例：站立姿势右脚向后退一小步，左脚在前顺势下蹲（注意：女性应两腿靠紧向下蹲），左脚全脚着地，小腿基本垂直于地面，右腿脚跟提起，前脚掌着地，右膝内侧靠于左小腿内侧，左膝高右膝低，臀部向下，基本用右腿支撑身体，正面和侧面如图 3-29 和图 3-30 所示。捡拾左侧物品时则反之。

图 3-29　高低式蹲姿正面　　　图 3-30　高低式蹲姿侧面

2）半蹲式蹲姿

半蹲式蹲姿一般是在行进中为了临时降低自身高度时采用，特征是身体半立半蹲。其要求是：在下蹲时，上身稍许弯下，不宜与下肢构成直角或锐角，臀部向下而不能撅起，双膝略微弯曲，其角度可根据需要自行调节，一般为钝角，身体的重心放在一条腿上，两腿不要分开过大，正面和侧面如图 3-31 和图 3-32 所示。

图 3-31　半蹲式蹲姿正面　　　图 3-32　半蹲式蹲姿侧面

**2. 裙装蹲姿**

1）交叉式蹲姿

交叉式蹲姿的特征是蹲下后双腿交叉在一起，造型优美典雅，适合穿裙装的女性铁路服务人员。其要求是：站立姿势右脚向后退一小步，左脚在前，下蹲时左小腿垂直于地面，全脚着地，右膝由左膝后下方伸向左侧，左腿在上，右腿在下，二者交叉重叠，右脚跟抬起，并且前脚掌着地，两脚前后靠近，合力支撑身体，双手放于左膝，上身略向前倾，臀部朝下，正面和侧面如图 3-33 和图 3-34 所示。

2）半跪式蹲姿

半跪式蹲姿又称单跪式蹲姿，是一种非正式蹲姿，有时下蹲时间较长或为了用力方便，女性铁路服务人员穿裙装时会采用这种蹲姿，特征是双腿一蹲一跪。其要求是：下蹲之后，改为一腿单膝着地，臀部坐在脚跟之上，脚尖着地，另外一条腿则应当全脚着地，小腿垂直于地面，双膝应同时向外，双腿应尽力靠拢，正面和侧面如图 3-35 和图 3-36 所示。

图 3-33　交叉式蹲姿正面

图 3-34　交叉式蹲姿侧面

图 3-35　半跪式蹲姿正面

图 3-36　半跪式蹲姿侧面

特别注意：女性铁路服务人员采用任何一种蹲姿，都要双腿紧贴、臀部向下，方显优雅。

### 3.4.4　服务蹲姿的禁忌

由于铁路服务人员每日面对众多乘客，因此，不能采用日常生活中比较随意的蹲姿，这样显得非常没有礼貌。下面列举一些服务蹲姿的禁忌。

（1）捡拾物品时，两腿叉开，弯腰不屈膝下蹲，同时低头弓背、臀部向后撅起，如图 3-37 所示。

（2）蹲下后懒散随意，两腿弯曲同样高度、膝盖朝上、臀部下垂，如图 3-38 所示。

（3）下蹲的时候腰部没有控制力，上衣自然上提，露出腰部的皮肤或是内衣。

（4）在行进中没有目光示意，突然下蹲。

（5）下蹲时，双腿正面或是背面对着乘客下蹲都是没有职业素养的表现，正确的做法是采取侧向对方的角度。

（6）铁路服务人员长时间蹲在地上是不雅观的，尤其是蹲在地上休息更是不可取的。

图 3-37　弯腰捡拾物品

图 3-38　懒散随意的蹲姿

（7）蹲姿转为站姿时用幅度明显的手撑着大腿站起的方式，给人以疲惫拖沓的印象。

（8）穿裙装的女士下蹲时，应适当遮蔽容易暴露之处。

（9）应避免距离人过近下蹲，这样容易与人相撞。

特别提示：铁路服务工作人员不要刻意讲究左右腿的前后，实际工作中，主要在于下蹲的速度、方向和姿势是否能够帮助快速完成工作，力求做出舒展大方、从容不迫的姿态。

# 任务 3.5　鞠躬、握手礼仪

## 任务导读

鞠躬是中国、日本、韩国、朝鲜等国家传统的、普遍使用的一种礼貌举止，常用于欢迎、致谢、道歉、悼念等场合。鞠躬用于服务中，更能显示服务者热情、真诚、恭敬的服务态度。

握手也是一种传统礼仪，一般来说，握手表示友好，是一种无声的交流方式，可以促进沟通、交流，可以加深双方的理解、信任，可以表示尊敬、敬仰、祝贺、慰问、致意等。

## 知识点

### 3.5.1　鞠躬礼仪的基本要求

鞠躬时，以臀部为轴心，将上身挺直，向前倾斜，倾斜的角度一般是 90°、45° 和 15°，目光随身体自然下垂到脚尖 1.5 m 处，鞠完躬之后，恢复到标准的站姿，目光注视对方脸部。弯腰速度要适中，之后抬头直腰的动作可慢慢做，这样会令人感觉很舒服。

### 3.5.2　服务鞠躬的分类

按照上身倾斜角度的不同可以将鞠躬分为以下三种类型。

**1. 一度鞠躬**

一度鞠躬上身倾斜角度约为 15°，表示致意，用于一般的服务性问候，如图 3-39 所示。

## 2. 二度鞠躬

二度鞠躬上身倾斜角度约为45°，表示向对方敬礼，常用作重要活动、重要场合中的问候礼节，如图3-40所示。

## 3. 三度鞠躬

三度鞠躬上身倾斜角度约为90°，表示向对方深度敬礼和道歉，常用于中国传统的婚礼、追悼会等正式仪式，如图3-41所示。

图3-39　一度鞠躬

图3-40　二度鞠躬

图3-41　三度鞠躬

三种行礼方式适用于不同的情况：在日常工作中服务人员最好使用一度鞠躬；在参加重要活动、接待重要来宾时可以选择使用二度鞠躬；三度鞠躬在服务工作中较少使用。

### 3.5.3　服务鞠躬的禁忌

（1）鞠躬时，上身应向前倾斜，切勿只弯头鞠躬。
（2）鞠躬时目光应向下看，切勿一边鞠躬一边抬眼看对方。
（3）鞠躬时，切勿头部左右晃动，环顾四周。
（4）鞠躬时，应将上身挺直，切勿驼背式鞠躬，如图3-42所示。

图3-42　驼背式鞠躬

（5）鞠躬礼毕后，双眼应有礼貌地注视对方。

（6）若遇迎面相遇时，鞠躬后应向右边跨出一步，给对方让路。

### 3.5.4　服务握手的基本要求

**1. 握手的动作与神态**

铁路服务人员与乘客准备握手时，要保持一定的距离，与乘客面对面以标准站姿站好，目视乘客的眼睛，可以先点头微笑致意，然后上身略向前倾，伸出右手，虎口向上，掌心向里，与乘客握手。

**2. 握手的力度**

铁路服务人员在与乘客握手时，要掌握握手的力度。在一般情况下，力度应适中，不可过大或过小。过大会让人有粗鲁之感；但也不要过于无力，那样会使乘客误以为没有诚意。

**3. 握手的时间**

铁路服务人员在与乘客握手时，握手的时间不能过长或过短。过短会给人以敷衍的感觉；过长会让对方误会或不快。尤其是异性，通常握手的时间以 3～5 s 为宜。

### 3.5.5　服务握手的分类

**1. 单握式握手**

单握式握手又称平等式握手，这是最普通的握手方式。具体动作为：距受礼者约一步，两脚立正或脚尖打开成八字形，上体稍前倾，肘关节微曲抬至腰部，伸出右手，手掌应与地面垂直，以手指稍用力握住对方手掌，上下摇动 3～5 下，面带微笑注视对方。

**2. 双握式握手**

双握式握手通常传递的是一种热情真挚、尊敬感激之情。握手时，主动握手者用右手握住对方的右手，左手握住对方右手的手背处，如图 3-43 所示。

图 3-43　双握式握手

### 3.5.6　服务握手的次序

根据礼仪规范，握手时，双方伸手的先后次序应当遵循"尊者决定"的原则。

握手时，双方伸手的先后次序大体包括以下几种情况。
（1）上级与下级握手时，应由上级首先伸手。
（2）年长者和年幼者握手时，应由年长者首先伸手。
（3）长辈与晚辈握手时，应由长辈首先伸手。
（4）女士与男士握手时，应由女士首先伸手。
（5）已婚者与未婚者握手时，应由已婚者首先伸手。
（6）社交场合的先至者与后来者握手时，应由先至者首先伸手。

### 3.5.7 服务握手的禁忌

（1）握手时忌用左手与他人相握，个别国家认为左手是不洁的。错误的左手握手方式如图3-44所示。

**图3-44　错误的左手握手方式**

（2）握手时忌戴着手套与他人相握。除女士戴着薄纱手套与人握手以外。
（3）与多人握手时忌交叉相握。
（4）握手时忌用不洁或患有传染性疾病的手与人相握。
（5）没有特殊情况，不要坐着与他人握手。
（6）在任何情况下，不要拒绝与他人握手。

## 任务3.6　手势礼仪

### 任务导读

手势是肢体语言的重要组成部分，它指的是人在运用手臂时，所出现的具体动作与体位。手势是人类最早使用的，至今仍被广泛运用的一种交际工具。有关研究表明，在面对面的交流中，35%的信息是通过语言传递的，而65%的信息是通过动作、手势和表情等无声语言传

铁路运输服务礼仪

递的。手势是人类表情达意的最有力的手段,在体态语言中占有最重要的地位。

在铁路服务人员的仪态中最丰富、最富表现力的动作就是服务手势。正确得体的手势不仅能够体现铁路服务人员优雅的职业形象,同时也有助于与乘客之间的沟通和交流。

服务手势根据用途不同分为两类:基本服务手势和指示服务手势。基本服务手势主要用于铁路工作人员日常工作中对手部姿态的基本要求和规范;指示服务手势是铁路工作人员在与乘客或货主沟通中传递信息的特殊的肢体语言,有着特定的引导含义。

## 知识点

### 3.6.1 基本服务手势的分类

**1. 自然垂放**

静态服务站姿中手的摆放位置主要有以下几种。

(1)双臂自然下垂,双手处于身体两侧,手部虎口向前,手指自然弯曲,指尖朝下,中指压裤缝,如图3-45所示。

(2)一只手背在后面,贴在腰际,另一只手自然下垂,手指自然弯曲,中指对准裤缝,如图3-46所示。

(3)一只手贴于裤线自然垂放,另一只手则略微弯曲,掌心向内搭在小腹前,如图3-47所示。

**图3-45 双手处于身体两侧**

**图3-46 一只手背在后面**

**图3-47 一只手搭在小腹前**

(4)双臂自然下垂,双手虎口相交叠放于小腹的位置,右手握左手的手指部分,使左手四指不外露,手掌尽量舒展,两手呈自然的弧度,左右手大拇指内收在手心处。此手势多用于女性,如图3-48所示。

(5)双手在腹前交叉,右手大拇指与四指分开搭在左手腕部靠近手掌的位置,使右手掌心与左手手背重叠,左手自然弯曲。此手势多用于男性,如图3-49所示。

(6)双手在背后腰际交叉,右手大拇指与四指分开搭在左手腕部靠近手掌的位置,使右手掌心与左手手背重叠,左手手心向上收。此手势多用于男性,如图3-50所示。

项目 3　姿态礼仪

图 3-48　双手叠放于小腹的位置　　图 3-49　双手在腹前交叉　　图 3-50　双手在背后腰际交叉

**2. 手持物品**

铁路服务人员在手持物品服务时，应注意稳妥、自然、到位三个方面的问题。

1）稳妥

手持物品时，可根据其具体重量、形状以及易碎与否，采取不同的手势。最重要的是要确保物品的安全，尽量轻拿轻放，同时也要防止伤人或伤己。

2）自然

手持物品时，客运服务人员可依据本人的能力与实际需要，酌情采用拿、捏、提、握、抓、扛、夹等不同的姿势。

3）到位

有不少物品，在需要手持时，应当将手置于一定位置，这就是持物到位的含义。例如，箱子应当拎其提手，杯子应当握其杯耳。

**3. 递接物品**

铁路服务人员在递接物品时应面带微笑，采用走上前或前倾身体的动作表达出主动的意愿，然后用双手递接，表示对乘客的尊重。

1）递送单据

递送单据给乘客与货主时，应用双手握住文件前端，字朝对方，齐胸送出。需要对方签字或着重阅读某个部分时，应着重指示给对方，同时用语言准确表达。

2）递送笔或剪刀

递送笔或剪刀给乘客或货主时，将手柄一端朝向对方，方便乘客安全接拿。若是尖锐锋利之物，递接过程中要用语言提醒乘客小心使用。递送笔的规范动作如图 3-51 所示。

图 3-51　递送笔的规范动作

**3）递送兑换的硬币**

递送兑换的硬币给乘客时，要清晰唱票，硬币应垒成柱状交给乘客，不得散放，不得有丢、抛等动作。

**4）接取乘客递来的物品**

接取乘客递来的物品时，应在对方递过物品时再前去接取，切勿急不可耐地直接从对方手中抢取，应当目视对方，而不要只顾注视物品，一定要用双手接至齐胸高度，必要时，应当起身站立，并主动走近对方。

特别注意：在特殊情况下，无法采用双手时，应该使用右手递接，绝不能单用左手。

**4. 举手致意**

举手致意多用于向他人表示问候、致敬、感谢之意，如图3-52所示。举手致意时应做到以下四点。

图3-52　举手致意

**1）面向对方**

举手致意时，应全身直立，同时面带笑容。

**2）手臂上伸**

致意时手臂应自下而上向侧上方伸出，手臂既可略有弯曲，也可全部伸直。

**3）掌心向外**

致意时应掌心向外，即面对对方，指尖朝向上方。

**4）切勿乱摆**

致意时手臂不应自上而下或左右两侧来回摆动。

**5. 演示手势**

为了给乘客介绍或普及铁路设施设备的使用和操作方法，或给乘客演示必要的安全逃生常识，铁路服务人员要经常做演示服务，用手势配合语言表达。为了与乘客达到良好的互动演示效果，应注意以下三点。

**1）语言和动作标准**

演示时，无论是口头介绍还是动手操作都要符合实际。口头介绍要口齿清晰，语速舒缓；动手操作要熟练利索，演示速度适中，并进行必要的重复以加深乘客的印象。

### 2）便于乘客观看

演示时要将被介绍的物品正面面向对方，让乘客有足够的观看时间。当四周乘客较多时，还需要变换不同的角度进行演示或多次演示。

### 3）演示手势正确

演示设施设备的操作方法，应在身体一侧进行展示，不能挡住演示者，更不能挡住物品，单手五指合拢，掌心面对乘客与地面成 45°角，五指指尖指示介绍位置。

展示小件物品可灵活采用以下三种方式：被人围观时应将物品举至高于双眼位置进行展示；给较近距离的乘客展示时应上不过眼，下不过胸，左右不过肘；给两边较远距离的乘客展示时应上不过眼，下不过胸，左右伸直过肘。注意展示时不可挡住展示者本人的头部。

## 3.6.2 指示服务手势的分类

铁路服务人员在工作场景中，经常采用一些手势为乘客或货主提供引导和指示服务。这些指示手势简单而优雅，辅助甚至代替了口头语言，减轻了铁路服务人员重复的语言沟通工作，可谓一举两得。铁路服务人员常用的指示手势有以下几种。

#### 1. 横摆式手势

横摆式手势是为乘客或货主提供礼貌提示及指引方向的手势礼仪。

基本要领是：身体保持基本站姿，左手放于身后腰部，右手从身侧抬起，大臂与小臂成 90°角，小臂与地面平行，右手心在垂直于地面的基础上向上翻 45°，目光与右手指尖方向一致，配以礼貌的语言，如图 3-53 所示。

#### 2. 提臂式手势

斜臂式手势是用于请乘客就座或下楼梯、电梯时的礼貌手势。

基本要领是：身体保持基本站姿，左手放于身后腰部，右手从身侧抬起，右手心在垂直于地面的基础上略向上翻 45°，上身微微前倾，目光应与手势所指方向一致，同时，配以礼貌的语言，如图 3-54 所示。

#### 3. 高位式手势

高位式手势是用于引导乘客上楼或示意高位物品时使用的礼貌手势。

基本要领是：身体保持基本站姿，左手放于身后腰部，右手从身侧抬起，大臂与小臂成 60°角，右手心在垂直于地面的基础上略向上翻 45°，手腕与肩在同一条直线上，上身微微前倾，目光应与手势所指方向一致，同时，配以礼貌的语言，如图 3-55 所示。

图 3-53 模摆式手势

图 3-54 提臂式手势

图 3-55 高位式手势

### 3.6.3 服务手势的禁忌

**1. 指指点点**

用手指对着别人指指点点，例如用手指指点对方的面部或鼻尖，是对对方的不尊重，如图 3-56 所示。

**2. 随意摆手**

不要随意向对方摆手，摆手的一般含义是拒绝别人。

**3. 双臂抱起**

双臂抱起，然后端在自己身前，这一姿势往往会令人心生不快。

**4. 双手抱头**

这种动作常用于休息的时候，服务于人时这样做，会给人以目中无人的感觉。

**5. 摆弄手指**

反复摆弄自己的手指会给人不稳重的感觉，如图 3-57 所示。

图 3-56　用手指对着别人指指点点

图 3-57　反复摆弄自己的手指

**6. 手插口袋**

工作中如果把一只手或双手插在自己的口袋里，会给人以忙里偷闲，无视工作的感觉，如图 3-58 所示。

图 3-58　手插在自己的口袋里

## 7. 搔首弄姿

切忌在工作岗位上整理自己的服饰或当众为自己梳妆打扮。

### 拓展阅读

#### 军人站岗的站姿为什么要往前倾斜

前倾姿态更能体现军队的主动性和攻击性。无论有多热爱和平，多么具备理性思维，军队始终是一个国家的拳头，必须具备攻击性，并且在精神上也要随时保持一种可出击状态。现代军队的军姿，都是经过千锤百炼后才进入训练条例的，军人的一举一动都要体现军队的组织性、纪律性和精神风貌。现代军队的军姿还是经过人体科学指导后严谨总结出的身体姿态。

普通站姿，重心落于两脚脚后跟，人非常容易疲劳，脚后跟密集的血管和神经长时间受压迫会让人感觉不适，就要找地方休息或者通过频繁倒脚替换来缓解不适的感觉。在部队一个站要保持两三个小时纹丝不动，人体结构对于各种超量超负荷的承受，没有科学指导和练习的话，会摧残身体，长时间的站立，也是超负荷的一种，一直用脚后跟作为支点，可能直接造成血液循环不畅，导致晕厥昏迷。

军姿站姿里，双腿并拢，两脚尖成60°前分时，身体稍前倾，重心是落在"八"字形分立双脚形成的三角形接地面上，由足弓和前脚掌负担大部分受力，而身体主要受力从脊柱骨变成髋骨和腿骨，这也是站姿不正确的人更容易得腰椎病的原因。在身体呈前倾姿态情况下，身体本能需要保持平衡，会自然形成收腹挺胸、张肩拔颈这些军姿所需的姿态。所以说军姿当中，站姿要有前倾姿态，是整体上符合人体工学的一种姿态。

### 思政园地

#### 专业礼仪10年服务 "90后"女列车长这样值乘

"请大家检查仪容着装，保持礼仪姿势，露出最美的笑容。"这是列车长姚佳欣每次出乘前都要给班组成员强调的服务礼仪规范标准。

出生于1994年的姚佳欣在2011年进入铁路系统工作时，便来到重庆客运段动车组一队担任乘务员，多年的乘务员职业生涯里练就了她吃苦耐劳、积极向上的品质。

"从2011年到现在，我最开始跑的就是成渝两地，然后是广州、昆明、大理、上海、北京等地。"十多年来，从最初的普通列车员到现在的动车组列车长，姚佳欣不断加强学习、提升自我，在2019年的时候考取了国家高级礼仪培训师，将所学的服务礼仪知识融入工作。

谈到为什么考取礼仪培训师，姚佳欣表示，最主要是想让自己的专业水平有一个提升，也是对礼仪、形态等各方面的加强。她希望可以将学到的礼仪培训专业知识传授给同事，比如服务用语、规范的礼仪和妆容等。列车员从事的主要是服务工作，对礼仪要求很严格，她希望大家可以一起成长和提升。

"让旅客出行体验美好是我们的工作目标，所以我们的每一个微笑、每一个手势都必须规范、标准。"身为列车长的姚佳欣，积极帮助身边的青年职工成长，经常与他们分享旅客服务心得、标准规范，加强礼仪培训，提升青年职工的业务技能。

姚佳欣经常说，做好服务是基础，保障旅客出行安全是关键。对待车内设备设施检

铁路运输服务礼仪

查、行李牢固整齐摆放、食品卫生安全卡控，她总是仔仔细细，一丝不苟。谈及梦想，姚佳欣希望在列车长的岗位上，带动身边的青年职工，服务好每一位在外奔波的旅客，以心换心，让旅客有回家的感觉。

## 任务训练

**1. 任务内容及要求**

任务内容：

站姿、坐姿、行姿、蹲姿、鞠躬、握手、手势规范演练。

任务要求：

（1）站姿训练。

① 双腿夹纸训练。站立学生在两膝盖间夹一张纸，要求不松、不掉，每次坚持训练 10 min，训练腿部的控制能力。

② 头顶书本训练。站立学生按动作要领站好后，在头顶放置一本书，努力保持书在头上的稳定性，训练头部的控制能力。

（2）坐姿训练。

① 训练可在教室中进行，每次训练坚持 15～20 min。可配上舒缓优美的音乐，以缓解疲劳。

② 练习正确的坐姿，训练入座和离座。牢记"动作轻，左进出，右腿移，上体直，双眼平，稳而紧"的口诀。

③ 以小组为单位进行练习，小组成员之间互相纠正对方的错误。

④ 坐在镜子前，按照课堂所学的坐姿的要求，纠正自己的错误。

（3）行姿训练。

① 摆臂训练。学生身体直立，以肩为轴，双臂自然摆动，注意摆动的幅度。

② 步位步幅训练。可在教室地上放一长尺子，行走时检查自己的步位和步幅是否正确。

③ 稳定性练习。学生将书本放在头顶中心，保持行走时头正、颈直、目不斜视。可配上舒缓优美的音乐，以缓解疲劳。

（4）蹲姿训练。

① 学生两人一组进行蹲姿练习。

② 每种蹲姿动作保持 3～5 min。

③ 学生分组进行展示，其他组同学找出展示组的蹲姿问题，及时纠正错误。

④ 可配有音乐帮助练习。

（5）鞠躬训练。

① 学生每两人为一组进行练习，其中一人扮演铁路服务人员，另一人扮演旅客或货主。

② 扮演铁路服务人员的学生行鞠躬礼，扮演旅客或货主的学生对其搭档的鞠躬姿势进行评价。

③ 两位学生进行角色互换。

（6）握手训练。

学生以小组为单位，进行下列场景的握手练习，互相观察对方的动作，及时纠正错误握手姿势。

场景一：王小明（男）与张小艳（女）毕业十年后再次相遇。
场景二：在颁奖典礼上，校长给你颁发奖状。
场景三：你带朋友去你哥哥家做客。
场景四：大学入校时，你第一次遇见舍友的母亲。

（7）手势训练。

学生以小组为单位，进行下列场景的握手练习，互相观察对方的动作，及时纠正错误手势姿势。

场景一：递送单据给乘客与货主。
场景二：递送剪刀给乘客或货主。
场景三：给乘客递送兑换的硬币。
场景四：给乘客介绍自动售票机的操作方法。

**2. 任务评价**

| 序号 | 考核内容 | 权重/% | 考核评价 | | | |
| --- | --- | --- | --- | --- | --- | --- |
| | | | 个人评价 | 小组评价 | 教师评价 | 得分 |
| 1 | 站姿规范训练 | 20 | | | | |
| 2 | 坐姿规范训练 | 20 | | | | |
| 3 | 行姿规范训练 | 20 | | | | |
| 4 | 蹲姿规范训练 | 20 | | | | |
| 5 | 鞠躬、握手规范训练 | 10 | | | | |
| 6 | 手势规范训练 | 10 | | | | |
| | 项目得分统计 | | | | | |

# 项目 4
## 语言礼仪

### 📍 知识目标
1. 了解在不同环境下,如何恰当、准确地进行语言沟通交流。
2. 了解初次见面时,如何准确地称呼对方。
3. 掌握在不同的社交场合中,如何自我介绍以及介绍他人。
4. 了解在双方不见面的情况下,如何正确运用电话礼仪与人沟通。

### 📍 能力目标
1. 具备在不同场合中,与人打交道的能力。
2. 能够在工作环境中,用大方、得体、准确的语言为旅客提供各种合情合理性的服务。

### 🚩 思政目标
1. 培养学生爱岗敬业、文明服务的精神。
2. 培养学生尊客爱货、热情服务的精神。

### 🚩 引导案例

#### 你礼貌吗?

李梅是一名新入职的铁路客运工作人员。有一天在巡视候车大厅的时候,她看到一个包裹被放在了两排座椅的中间。因此时候车室的人流量比较大,客人来回走动时难免会被这个包裹绊一下,李梅打算走过去问问这是谁的包裹。此刻,一位花白头发的老人拉开了这个包裹。李梅走过去询问道:"老太太,这是你的东西吧,怎么可以放在路中间呢?赶紧放到你脚底下!别让我提醒你第二次啊!"

老人听到李梅的话后比较惊恐,然后吃力地把包裹往自己的座位底下放。这时候旁边的一位旅客坐不住了,一边帮老人挪了行李,一边跟李梅说:"你这个工作人员也太没礼貌了吧,叫人家老太太,你不会使用尊称吗?你看她岁数大了,应该帮她搬行李吧,怎么还训斥呢?"紧接着,其他旅客也开始批评李梅。

导入问题:
1. 李梅的服务语言正确吗?
2. 作为一名客运工作人员,应如何准确地与旅客沟通,为旅客提供更好的服务?

# 项目 4　语言礼仪

## 任务 4.1　称呼礼仪

### 任务导读

语言是人际交流的基础，也是传递信息的重要手段。无论是在日常生活中还是在工作中，运用恰当的语言交流，可以促进双方互相了解，尤其对于铁路服务人员而言，良好的语言能力可以避免和旅客发生冲突，保持关系稳定和谐，更快、更好地完成工作任务。

称呼是人际交往的开端。掌握合适、礼貌的称呼礼仪是铁路服务人员顺利完成工作的基础。

称呼，指的是人们在日常交往和工作中，人与人之间表示彼此关系时所使用的称谓语。在社会交往中，如何称呼对方，体现了一个人的道德素质和彼此关系的亲疏程度等。

### 知识点

#### 4.1.1　几种常见的称呼方式

**1. 生活中的称呼**

1）对亲属的称呼

结合南北方语言的差异，以及大家惯用的称呼，对亲属的称呼大致包括外公、外婆、舅舅、姨妈、大伯、叔叔、哥哥、姐姐、弟弟、妹妹等。

2）对朋友、熟人的称呼

对这类人群进行称呼时，既要表现出亲切、礼貌、友好，同时还要表现出敬意。比如对方是长辈时，应该称呼"您"；对平辈或晚辈可以称呼"你"或彼此之间以姓名相称；为了表示亲切、熟络，可在被称呼的人的姓氏之前加上"老""小"字样进行称呼，比如"老李""小张"等。

3）对普通人的称呼

对普通人一般称呼先生、女士等。如果在服务过程中，遇见岁数相对年长的人，为了体现出亲切感，可以称呼大爷、大妈等。

**2. 工作中的称呼**

1）根据行政职务称呼

根据行政职务称呼是在较为正式的活动场合中使用的一种称呼。比如王经理、李处长、薛主任等。

2）根据技术职称称呼

在工作交往中，如果遇到具有技术职称的人，尤其是具有高级、中级职称者，可直接用技术职称称呼。比如李工（李工程师）、段教授等。

3）根据学术头衔称呼

在一些重要工作场合或学术会议活动中，用学术头衔称呼，可以增加其权威性并且表示尊重。比如安博士、法学硕士李敏等。

4）根据所属行业称呼

在日常生活或工作交往中，可根据对方所属行业或职业来称呼。比如梁老师、吴医生、张警官等。

### 4.1.2 称呼的禁忌

在人际交往中，合适的称呼可以让交谈顺利地进行下去，不恰当的称呼则会引起对方的不满，给对方留下不尊重人的印象，甚至会造成严重的后果。

**1. 错误性称呼**

（1）误读：在一些姓氏中存在多音字和生僻字，如盖、单、阚等。为了避免念错，对于不熟悉的字，事先应做足功课；如果是临时遇到，应虚心请教，以免尴尬。

（2）误会：指对被称呼对象的年纪、性别、辈分、职务等做出的错误判定。

**2. 歧视、侮辱性称呼**

无论关系多么亲密，用对方身体缺陷或侮辱性词汇称呼对方都是不礼貌的。这样不仅伤害对方自尊，也会影响双方之间的和谐关系。

**3. 混淆场合性称呼**

再亲密无间的关系在不同场合下也应注意称呼是否合适。比如哥们儿、姐们儿等称呼，不适宜在正式场合中使用。

## 任务 4.2　介绍礼仪

**任务导读**

介绍是人们在社会活动中相互认识的一种常见方式。它是指把自己或者亲戚、同事、朋友的基本信息通过语言的形式告诉给对方的一种交流形式，目的是增进了解，建立友好关系。作为一名铁路工作人员，应能够准确地进行自我介绍，这样不仅有助于工作顺利开展，给乘客留下好印象，还有利于企业形象的提升。

常见的介绍礼仪主要包括自我介绍和他人介绍两种类型。

**知识点**

### 4.2.1 自我介绍

自我介绍就是在社交场合中，希望大家认识自己，把自己的基本情况介绍给他人的交流方式。

**1. 自我介绍的基本原则**

1）仪容仪表要端庄得体

自我介绍的目的就是希望把自己最好的一面展示给对方，并且留下好印象，以便日后长期交流合作。所以在着装上要符合当下的场合，通常情况下应以正装示人，男性面容及发式干净整洁即可，女士应化职业淡妆。仪态应得体大方，面带微笑，身体挺拔，行为举止规范。

2）时间要适宜

（1）自我介绍的时机应适当。在交往中，合适的自我介绍的时机可以让对方有主动了解你的意愿，彼此之间可以顺利地交流下去。如果时机不恰当，会给对方造成负担，彼此的第一印象也会大打折扣。自我介绍应在对方不太忙碌或对方独处，以及对方提出请求的时候；或初次登门会见的时候；或希望与某人认识的时候等。

（2）自我介绍的时长应适宜。自我介绍的基本内容包括姓名、工作单位、职务、籍贯、求学经历、工作经历等，要根据不同场合决定自我介绍的时间长短。通常情况下自我介绍宜短不宜长，应做到简洁明了。

3）语言要规范

在做自我介绍时，应使用文明礼貌用语，敏感话题、场合不适宜的语言不要说。既不能自吹自擂也不能过分谦虚，应做到吐字清晰，语速声调适中，态度诚恳，不卑不亢。

**2. 自我介绍的具体形式**

1）**应酬式自我介绍**

应酬式自我介绍适用在一般性的人际交往场合中，如通电话时或途中相遇时等。内容应简洁，只需介绍姓名即可。如：你好，我是张敏。

2）**工作式自我介绍**

工作式自我介绍指在工作场合中，需要让对方知道自己的姓名、工作单位以及职务等，以便更好地沟通工作内容。如：你好，我叫张敏，是深圳职业技术学院招生办公室的一名老师。

3）**交流式自我介绍**

交流式自我介绍指在社交场合中，为了让对方认识自己，希望有下一步交流而进行的介绍。主要包括姓名、工作单位、兴趣爱好以及与被介绍人有无哪些关系等。如：你好，我叫王丽，在市设计所工作，我和你姐姐在一个办公室工作。

4）**礼仪式自我介绍**

礼仪式自我介绍指在讲座、报告、演讲、庆典等这种比较正式、隆重的场合进行的自我介绍。主要包括姓名、工作单位、具体职务、荣誉以及发言的主题等。如讲座的礼仪式自我介绍：大家好，我是张瑞，我是××大学××系的教师，今天利用下午的时间，有幸和大家坐在一起交流。今天讲座的主题是××××××××。

5）**问答式自我介绍**

问答式自我介绍指在求职面试、应聘场合中的介绍，当对方问你问题时，应根据对方提出的问题一一介绍。如在毕业求职面试现场，考官问：请简要介绍一下你的个人基本情况和在大学期间取得的比较重要的两项荣誉。学生回答：各位考官好，我叫李强，是××系××班的一名毕业生，今年22岁，在班级担任学习委员一职，课余生活热爱打篮球，会定期参加系里组织的一些志愿者活动。大学四年里，我曾在2022学年获得过国家励志奖学金，在2023年4月参加全市学生技能大赛并取得第二名。

## 4.2.2 他人介绍

他人介绍又称第三者介绍，是指在社会交往中由第三人为彼此不相识的双方互相介绍、引荐的一种介绍方式。他人介绍中,为双方做介绍的第三人为主要介绍者,而被主要介绍者介绍的双方是被介绍者。作为主要介绍者,应比较熟悉被介绍的双方的一些基本信息,并且能断定出双方有结识的愿望,否则会发生尴尬事件。

做介绍时,主要介绍者应遵循"位尊者优先获得知情权"的原则,按照先后顺序分别介绍被介绍的双方,以表示对尊者的敬重之意。

**1. 把职务低者先介绍给职务高者**

在社交场合中,尤其是工作场合,无论男女老少,一般以社会地位和职务高低作为社交礼仪的衡量标准。应把职务低的人先介绍给位高权重的人。

**2. 把男士先介绍给女士**

如果被介绍的双方是年龄相仿的男女,应把男士先介绍给女士。

**3. 把晚辈先介绍给长辈**

介绍性别相同的人互相认识时,应把年纪较轻者先介绍给年长者。

**4. 把主人先介绍给客人**

在主客双方身份相当时,应先介绍主人,再介绍客人,以此表示对客人的欢迎和尊重。

**5. 把关系亲密者先介绍给关系疏远者**

比如你和父母或兄弟姐妹在一些公共场所遇到了你的同事、朋友等,应把你的亲人先介绍给对方。

无论是介绍者还是被介绍者,都应做到姿态优雅,热情友好,这是互相尊重的基础。切不可目中无人,傲慢无理。他人介绍礼仪示例如图 4-1 所示。

图 4-1 他人介绍礼仪示例

## 任务 4.3 交谈礼仪

### 任务导读

在当今社会,人与人之间的交流尤为重要。因为无论是在日常生活中还是在工作中,人与人之间都要相互接触,相互联系,进行必要的交流。

项目4 语言礼仪

交谈礼仪是指在社会交往中，人与人相互了解，建立关系的主要语言表达方式，它标志着一个社会的文明程度，并反映一个人的修养与素质。在工作中，良好的沟通不仅可以提高工作效率，还能增强员工情感上的归属感，更能促进企业改善生产经营管理状况。在铁路运输服务过程中，工作人员运用良好的交谈礼仪，可以有效地服务旅客，满足旅客在旅途中的一切合理需求。

**知识点**

## 4.3.1 交谈礼仪的基本原则

**1. 真诚原则**

真诚是做人的基本美德之一，也是交谈能否成功的前提。交谈的双方在态度上应该体现出认真、诚恳，只有坦诚相对，才能有融洽、和谐的交谈环境，才能促成一场成功的交流。双方需认真对待交流的主题，开诚布公、直截了当、真心实意地表达各自的观点和看法。只有用自己的真心才能激起对方情感的共鸣，交谈才具有意义。

**2. 平等、尊重原则**

交谈是双方的思想和情感的交流，是一种双向的活动。要想在交谈过程中取得满意的成效，就必须考虑到双方心理方面对尊重的需要。沟通过程中，无论地位、职位高低，无论年长年幼，在人格上都是平等的。所以长辈不能盛气凌人、自以为是、为老不尊，晚辈也不必唯唯诺诺、卑躬屈膝、低人一等。沟通时，要把对方作为平等的交谈对象，在态度上、声音语调上、心理上都应体现出对对方的尊重。

**3. 宽容原则**

说话是一门艺术，有些人天生具备说话的技巧，语言动听、能言善辩，有些人却"笨口拙舌"。我们不能保证自己或对方在每次交流的过程中都能做到句句完美，对某些无伤大雅、无意冒犯的话语应给予宽容。交流也是需要磨合的，了解对方的说话方式、懂得对方情感表达的方式，多些宽容和理解，双方在交谈时才能直抒胸臆，达到沟通的理想效果。

## 4.3.2 交谈礼仪基本语言服务技巧

**1. 学会使用礼貌用语**

在人际交往中，如果能做到言之有"礼"，谈吐文雅，会给人留下美好的第一印象；如果语言粗俗，满嘴污言秽语，就会令人厌恶。常见的礼貌用语有以下几种类型。

1）问候语

问候语是指人与人之间初次见面时表示友好、致意的一种打招呼的方式。如：您好、早上好、晚上好等。

2）应答语

在日常工作和生活中，经常会遇到有人向你求助或询问。铁路客运服务人员在服务过程中会面临许多旅客的问询，礼貌热情的回答，体现了铁路职工的修养和服务水平。应答时应本着"宾客至上、热情服务"的原则，放下手边的工作，详细周到并准确地回答旅客的问题。如果遇到的问题回答不了，应帮助旅客找寻相关工作人员解答或实事求是地回答："实在不好意思，这个问题我不是很清楚，抱歉。"切记不能直接回复："不知道。"

### 3）道歉语

人与人之间难免会因为一些事情打扰到别人或产生误会。及时道歉就能及时止损，让两人之间的关系不要继续恶化。常见的道歉语包括对不起、不好意思、打扰了、给您添麻烦了等。

### 4）感谢语

每一个和谐的美好瞬间，都离不开人与人之间的友善。一句简简单单的感谢语可以温暖到每一个人。常见的表达感谢的语言有谢谢你、十分感谢、太谢谢您了等。

### 5）道别语

交谈结束后，与对方分别时需要使用告别语。常见的告别语有：再见、祝您一路平安、您慢走等。

## 2. 用语要态度亲切、温和、文雅

在沟通交谈的过程中，应以尊重、真诚、礼貌为基准，擅于使用敬语、雅语，这样的沟通方式可以营造出良好的交流氛围。

沟通交流时候的态度好坏是决定交谈成功与否的重要因素之一。因为在交谈时，双方会观察对方的表情、神态，尤其是眼睛的状态，如果一方眼神不专注，飘忽不定，一会儿看天花板，一会儿看地面，而不是注视对方，那么另一方会觉得此人态度不端正，不尊重自己。

## 3. 交谈主题的选择要慎重

俗话说："一句话能惹人笑，一句话也能惹人跳。"作为成年人，尤其是在职场上拼搏的成年人，什么话该说，什么话不该说，应有严格的界限划分。如果在没有特定交谈主题的情况下，应选择休闲、娱乐等适宜轻松氛围的主题，切不可聊敏感话题，比如对对方隐私刨根问底或对自己不了解的世界形势作片面陈词，尤其不要议论不在场的第三方。

## 4. 要学会倾听

认真耐心地听对方讲话是沟通礼仪的重点之一。有些时候，在一些场合大家都愿意当"演讲者、陈述者"，愿意把自己的观点和见解告知对方，殊不知，在两者交谈的过程中，做一名好的聆听者，也是沟通礼仪应具备的美德。交流是建立在彼此平等的基础上的，有说话的一方，就有沉默的一方，沟通就是你来我往的过程。当你说话的时候，能感知到对方是用心地聆听，并且还时不时跟你有眼神交流时，你会觉得有这样一个倾诉对象是多么温暖。优秀的聆听者应具备以下条件。

（1）对方说话时不打断对方，当他阐述完自己的观点时再说自己的想法。

（2）在工作场合中，应边听边做记录。

（3）聆听时，应注视对方，时不时应有眼神交流。

（4）当对方向你倾诉一些苦恼和困难时，应适时安慰对方，让对方感受到温暖和欣慰。

# 任务 4.4　电话礼仪

### 任务导读

电话（微信语音、QQ 语音等其他通信设备等）是现代社会人与人之间经常使用的通信

项目4 语言礼仪

工具,是在双方见不到面的情况下,提供便利和提高沟通效率的一种联系手段。拨打电话看似容易,实际上却有很多规矩。如果在电话沟通中说了不该说的话,没有遵守相应的礼仪规则,轻者会闹笑话或误会,重者会让对方生气,从而提早结束通话,之后还得考虑如何道歉,以及对方是否会原谅你等。在铁路运输服务过程中,承担接听电话这一工作的相关工作人员应正确掌握电话礼仪,这不仅体现了员工良好的职业素养,还能提升企业的形象。

### 知识点

虽然接打电话期间,双方是见不到面的,但电话沟通形象不可忽视。通话期间,姿态要端正、说话态度要和蔼,口齿清晰、语速适中,时长尽量把控在合理时间范围内。总体来说,电话礼仪主要包括拨打电话礼仪和接听电话礼仪以及挂断电话礼仪。

#### 4.4.1 拨打电话礼仪

**1. 开始、结束通话要礼貌**

当对方接起电话后,应当礼貌地和对方打招呼并介绍自己。如:您好张老师,我是×××,现在与您通话方便吗?

沟通结束后,应礼貌寒暄并说再见。

**2. 通话时间要适当**

无论工作交流还是休闲生活交流,都不应该影响对方的休息,不要给对方增加负担、添麻烦,这是正确拨打电话的第一准则。除紧急情况外,以下时间段拨打电话既有失礼貌又影响通话效果:早七点前或晚十点半以后、午休时间、三餐时间(具体应结合对方作息时间以及关系亲疏来衡量)。

**3. 通话时长要适宜**

通常情况下,通话的时长应以不超过三分钟为宜,特殊情况(如非常重要的话题需要字斟句酌反复解释强调等)可以相应增加时长。通话要言简意赅,尽量简明扼要。作为主动拨打电话的一方,切忌没话找话、吞吞吐吐,应直接切入正题。

#### 4.4.2 接听电话礼仪

**1. 及时、礼貌接听电话**

通常情况下,无论是固定电话还是移动电话,应当在响铃三声以内接起电话并与对方打招呼。太快或太慢接起都不是礼貌的表现。不能接起来不说话或立刻挂断(骚扰、诈骗电话除外)。如果此时你确实比较忙碌,可以先接起电话,告知对方十分钟以后打过去并表示歉意。

**2. 认真倾听、积极应答**

在通话过程中,为了让对方知道自己一直在听或表示同意等,应在不打断对方说话的情况下,适时地轻声回答"是的""好的""我明白"等。不能漫不经心、心不在焉,甚至自顾自地做自己手边的事情或和身边的人说话等。

**3. 必要时应做好记录**

在接听电话时,如果对方传达的信息比较重要且内容较多时,应准备一个记录本进行记录。这样便于把主要信息传达给其他相关人员以及为自己留存资料,为之后的工作提供方便。

### 4.4.3 挂断电话礼仪

在通话结束后,谁先挂断电话一直是大家争论的焦点。通常情况下,应由地位高、年长者、客人、女士优先挂断电话。如果接打电话的双方职务相近、年龄相仿、性别相同等,应由拨打电话的一方先挂断。如果双方谦让,迟迟不挂断自己的电话时,可礼貌表达谢意和不舍之情后停留 2~3 s 挂断电话。

**拓展阅读**

#### 乘务员用多国语言服务国际列车

傣族女孩依波逢,是云南省西双版纳傣族自治州人,曾就读于昆明冶金高等专科学校应用老挝语专业。2020 年大学毕业后,依波逢得知中国铁路昆明局集团有限公司将择优录取一批小语种专业的学生,为即将开通的中老铁路储备人才。凭借充分的准备,经过层层面试和筛选,依波逢成功入选。

实习期间,值乘的第一趟车让她至今印象深刻。那天下着雨,她所值乘的昆明至北京 Z162 次列车晚点 10 h 才回到昆明。由于列车晚点时间过长,旅客出现情绪波动,在言语和行为上有所刁难。突如其来的状况让她措手不及,依波逢心里很委屈。当看到师傅耐心而热情地为旅客解答每个问题时,她终于忍不住问师傅:"您就不会觉得烦吗?"师傅向她解释道:"我们搞客运工作的就是为旅客提供服务,要是我们都甩手不管,那他们还能指望得到谁的帮助,只有真正付出真心,才能得到旅客们的认可。"

短短一句话立刻扫空了她的疑问和委屈,她意识到自己的岗位虽然平凡,但身上的责任并不简单。一趟值乘下来,每位乘务员师傅对工作的责任心、对旅客的热心深深地感染了初入职场的她。依波逢说,"后来每当遇到困难时,我总是想起师傅说的,只有真正付出真心,才能得到旅客们的认可!"

2021 年 12 月 3 日,中老铁路首发列车驶过云南境内的元江双线特大桥,正式通车,依波逢也已经从一名实习生成长为这趟国际列车上的列车员。在此之前,她和班组同事拼命学习客运规章、动车组餐车的经营管理,掌握客运对讲机的使用方法和应急事故的处理方法,熟悉列车服务所需的老挝语、英语等语言,以最佳的精神状态、最好的服务礼仪、最周全的服务措施迎接八方旅客。

开通准备阶段,紧张的学习和工作让依波逢忙碌而充实。在一次列车隧道故障的撤离演练中,依波逢负责疏散旅客的任务,她熟练地使用汉语和老挝语组织车上的旅客向安全地点疏散。她说,"培训让我成长了许多,各种演练也让我意识到一名优秀的列车员不仅要服务好旅客,更要承担起自己的责任。"

"我代表的是中国铁路的形象。"中老铁路的正式通车,让依波逢感觉肩上的担子更重了,也对未来充满了期待。

## 思政园地

### 孙奇精神
——全心全意为旅客服务

孙奇，生前为呼和浩特站售票员，曾当选第四届全国道德模范，先后获得全国"五一"劳动奖章、全国职工职业道德建设十佳个人、全国女职工建功立业标兵等荣誉。

孙奇先后在多个岗位工作，无论在哪个岗位，她都能做到全身心投入，干一行爱一行，干一行精一行。从事售票员工作期间，她总结提炼出"七字售票作业法""十二句服务规范用语"，打造了以自己名字命名的"孙奇党员售票示范窗口"，并且长期学习雷锋、助人为乐，从售出每张车票都贴心提示，到捡拾失物寻找失主，从援助身无分文的旅客，到帮助离家出走的孩子与家人团聚，累计做好事上千件。

2010年，她身患癌症，仍然心系岗位、情系旅客，病情稍有好转就回到岗位继续服务旅客。她的先进事迹先后得到了原铁道部党组和内蒙古自治区党委的高度重视，原铁道部党组、自治区党委领导多次就宣传学习孙奇事迹作出批示，并分别看望和接见孙奇。2012年3月，呼铁局党政工团印发《关于开展向孙奇同志学习的决定》，并在全局、全路和自治区6个盟市及高校组织事迹报告会61场，建成道德模范先进事迹展馆，创作微电影《爱的窗口》、歌曲《窗口》、叙事诗《微笑的马莲花》等一批文学文艺作品，编印《微笑的天使孙奇》人物故事集。

2013年9月，孙奇因病去世，年仅41岁。呼铁局党委将每年的9月确定为"学孙奇活动月"，传承和发扬孙奇精神。

孙奇精神内涵：

——报效祖国，服务人民的理想信念。孙奇热爱党、热爱祖国，以服务人民群众为天职，把人民群众满意作为工作的标尺，多年如一日带着深厚感情做好客运服务工作，情真意切地把旅客当成亲人，坚持把微笑和祝福送给每一位前来购票的旅客，体现了铁路职工报效国家、服务社会的精神境界。

——积极进取、敬业奉献的职业追求。孙奇有着"干就干到最好"的强烈进取心，立足平凡岗位，见缝插针学业务，练就一身过硬的服务本领，总结出"七字售票作业法"和"十二句售票服务规范用语"，有效提高了客运服务质量，并注重业务传帮带，积极传授售票经验，带出了一支"微笑服务团队"，让自己的职业生涯熠熠生辉。

——厚德重义、乐于助人的传统美德。孙奇把帮助别人当成人生的最大快乐和幸福，热心救助身无分文的旅客返乡，帮助走失的孩子找到家人，默默资助贫困学生，义务照顾身边老人等，累计为旅客做好事上千件，被广大旅客称作活雷锋、贴心人，体现了新时期铁路职工的良好道德风范。

——自强不息、坚忍不拔的优秀品格。孙奇不管遇到什么挫折和困难，都始终从容面对、积极向上，遇到急难险重任务，总是主动替班顶班、冲锋在前，即使是在身患重病后，仍以顽强的毅力坚持工作，以坚韧的精神与病魔抗争，直到生命最后的时刻，依然关心铁路发展，惦记着回到售票窗口，体现了孙奇同志豁达乐观的人生态度和百折不挠的优秀品格。

铁路运输服务礼仪

## 任务训练

**1. 任务内容及要求**

任务内容：学生分组练习称呼礼仪、介绍礼仪、交谈礼仪和电话礼仪。

任务要求：学生需着装得体大方，面容干净整洁，按照老师的分组情况进行语言练习。要求口齿清晰，语调适中，运用语言技巧进行练习。

**2. 任务评价**

| 序号 | 考核内容 | 权重/% | 考核评价 | | | |
|---|---|---|---|---|---|---|
| | | | 个人评价 | 小组评价 | 教师评价 | 得分 |
| 1 | 仪容仪表是否得体自然 | 10 | | | | |
| 2 | 称呼礼仪训练是否符合要求 | 20 | | | | |
| 3 | 介绍礼仪训练是否符合要求 | 20 | | | | |
| 4 | 交谈礼仪训练是否符合要求 | 20 | | | | |
| 5 | 电话礼仪训练是否符合要求 | 20 | | | | |
| 6 | 分组练习是否互相协作、共同完成 | 10 | | | | |
| | 项目得分统计 | | | | | |

# 项目 5
## 铁路车站客运服务礼仪

### 🟢 知识目标
1. 掌握车站客运岗位工作内容及要求。
2. 掌握客运服务礼仪规范。
3. 掌握服务技能技巧。

### 📍 能力目标
1. 能够按照车站客运岗位作业标准完成旅客运输工作。
2. 能够利用服务技能技巧处理各种服务问题。

### 🚩 思政目标
1. 培养学生良好的服务意识与职业道德。
2. 树立榜样力量,将为人民服务牢记于心。

### 🚩 引导案例

#### 岗位职责

小张经常坐火车到各地做业务,遇到过环境整洁,旅客进站、候车、乘降都非常有序的车站,也遇到过候车室乱成一团,管理出现问题的车站。秩序良好、运行有序的车站都有一个共同特点,就是车站各岗位工作人员都准时到岗,严格执行所在岗位的工作,并且用心对待每位旅客。而管理混乱的车站,工作人员常常不在自己的岗位上,或是没有很好地履行自己的岗位职责。

导入问题:
1. 车站各岗位工作人员认真履行岗位职责对于铁路运输的正常运行有什么重要意义?
2. 车站主要岗位应该具备怎样的服务能力?

铁路运输服务礼仪

## 任务 5.1　售票处服务礼仪

**任务导读**

售票窗口虽小，却是车站服务的前沿阵地。曾经有过统计，旅客对于售票窗口的评价 90% 在于售票员的态度。计算机售票的应用和普及对售票窗口的服务提出了新的要求。售票员必须不断学习，提高自身技能，才能更好地为广大旅客提供服务。虽然售票时售票员与旅客只有几句简单的问答和几个简单的动作，但也要讲究售票艺术和礼仪规范。

**知识点**

### 5.1.1　售票员仪容仪表

上岗前，做好仪容仪表的自我检查。穿着统一制服，佩戴职务标志或工号牌，做到仪表整洁、仪容端庄，符合相关要求。

### 5.1.2　售票处服务工作

售票是一项细致的工作，既要有较快的速度，又要保证票款准确，同时还要解答旅客问询。因此，售票员应有熟练的售票技术和良好的工作态度。

**1. 班前准备**

班前准备包括仪容仪表准备、参加点名会及请领票据和备用金等。

**2. 对岗交接**

提前到岗，检查接清票据、设备、设施、备品，检查岗位卫生，确保卫生整洁、物品定置摆放、设施正常使用，并在交接班簿上签字交接，对故障设备及时报修。观察窗口客流，做好重点事项交接，及时开窗售票。

**3. 班中作业**

因售票岗位较多，各岗位班中作业内容不同，以下只列举车票发售的班中作业。

1）开机登录作业流程

开机，登录、选择班次，登录 POS 机及软 POS，核对票号，初始化完成后即进入售票界面。

2）车票发售作业流程

售票作业流程执行"一问、二输、三收、四做、五核、六交"制度。发售电子车票时制票和交付环节视旅客需要而定。

问：问清旅客乘车日期、车次、发到站、席别、票种、张数、支付方式等。

输：输入旅客乘车日期、车次，选择发到站、票种、数量及席别。

收：一是收取购票款、乘车人有效身份证件，认真清点、核对，并根据计算机找零显示，正确找零款；二是银行卡购票时，在作业系统中选择银行卡支付功能，在 POS 机上刷卡扣款，旅客在消费凭条上签认，确认扣款成功后，方可进行下一步操作。

做：录入旅客提供的乘车人有效身份证件号码后，打印车票。

核：核对票面信息，产生废票时及时作废处理，注明废票理由并加盖名章。

交：将车票、余款（银行卡、消费凭条第二联）及证件交给旅客，同时唱收唱付。

其他售票班中作业还有：各种减价票发售、团体票发售、中铁银通卡发售、身份信息核验、乘意险发售、废票作业、结账等。

3）改签作业流程

旅客购票后，如果不能按票面指定的日期、车次乘车，可在票面指定的日期、车次开车前办理一次提前或推迟乘车签证手续。始发改签采用"接""问""输""做""核""交"六字作业法。

接：接过车票，审核原票是否有效。

问：问清旅客改签的乘车日期、车次、到站、席别。

输：扫描原票，还原票面信息，确认原票无误后，再将改签信息输入计算机。

做：按系统提示退还或补收新旧车票票价差额，正确办理银行卡支付业务，并制出新票。

核：一是核对新票票面信息；二是复核票价差额与新票票价之和是否与原票票款相符。

交：将车票及余款（银行卡、消费凭条第二联）交给旅客，在原票上加盖印章，并将原票（商户存根联）收回，放入抽屉归类存放。

4）退票作业流程

旅客购票后，如需取消行程，可以在票面开车前办理退票手续。退票采用"看""输""核""盖""交"五字作业法。

看：看票面日期、车次、发到站、票价、有效期，有无行李戳记及禁退标志，旅客提供的身份证件是否与票面所载一致，有无卡购、网购车票标记，发现问题要问清车票来历、票价及退票原因。

输：选择退票理由，将票面信息输入计算机。

核：确认票面内容和计算机显示一致后，进行退票。

盖：纸质车票人工加盖"退"字章，并将所退车票按序存放。

交：一是按净退款额点清退款，将应退款及退票报销凭证一起交给旅客，收回已退车票；二是银行卡购票旅客退票，进行刷卡后，净退款直接返回卡内，将POS机凭条第一联由旅客签字后收回，将第二联、退票报销凭证、银行卡、有效身份证件一起交予旅客。

由于卡购、网购车票的增多，以及实行阶梯式退票，在输入票面信息前，要告知旅客退票的手续费及卡购、网购车票钱退回原购票的银行卡，征得旅客同意后退票。

5）交班作业流程

售票员交班作业时需清点票款、核对票据等，应采用"关""点""填""交""核""登"六字作业法。

关：关窗停止售票，并将关窗停售信息提前15 min以上向旅客公告。

点：清点票款、票据，留好备用金。

填：一是将POS机进行结账操作，打印结账统计单后，将作业系统进入结账状态；二是填写售票交款单和客票售出登记表，退票窗口还需填票据整理报告；三是将售票款额和POS机结账金额输入计算机，单击［结账］按钮后再单击［交班］按钮，退出作业系统。

交：将票款封好，交进款员签收。

核：核对废票、改签票和退票的车票。

登：在交接班簿上登记未使用票卷起止号、未使用异地票手续费起止号、退票窗口的退票报销凭证起止号，检查备品、设备使用状况是否良好。退票窗口还需核对备用金。

### 5.1.3 售票处服务技能技巧

（1）窗口售票工作人员坐姿应规范，售票时应用亲切、大小适中的声音向旅客问好，同时准确地为旅客售票。

（2）售票时，应做到热情周到。对反复问话、耽搁较多时间的旅客，不要表现出厌恶情绪，不能对旅客说"到底买不买？"或者说"没有了！""卖完了！""不知道！"把旅客打发走，这会给旅客留下极坏的印象。严禁与旅客发生口角，这样做会对铁路企业形象带来严重损害。

（3）如果旅客没听清自己所讲的话，应加大一点音量并稍加解释。如果听不清楚旅客所讲的话，可以把纸笔递给他，让他把相关要求写在上面，以免误售车票。

（4）客流量较大、票额紧张、某车次车票已售完时，应替旅客着想，向旅客推荐其他车次，可对旅客说："对不起，××车次已售完，但去往北京方向的还有××次车，时间都差不多，您可以考虑一下。"或者说："对不起，去往北京方向的车票已全部售完，您可以选择在××中转。"

## 任务 5.2　问讯处服务礼仪

**任务导读**

问讯处是旅客求助的中心，应为旅客提供整洁明亮的问讯环境和设施先进的问讯设备。问讯处尽量采用开放式的设计，让旅客与服务人员面对面进行交流。有条件的车站还应安装触摸式电子查询设备，供旅客自助查询。

**知识点**

### 5.2.1　问讯处客运员仪容仪表

上岗前，做好仪容仪表的自我检查。穿着统一制服，佩戴职务标志或工号牌，做到仪表整洁、仪容端庄，符合相关要求。

### 5.2.2　问讯处服务工作

**1. 对岗接班**

（1）接清客流变化、列车运行情况、设备、设施、备品、资料、岗位卫生及重点事项。做到列车正、晚点清楚，设备、设施作用良好，备品完整定位，资料正确齐备，卫生符合标准。

（2）对岗签字接班。

**2. 班中作业**

（1）接待旅客问讯。解答旅客提出的购票、托运、领取行包、候车、上车及中转换乘等旅行及相关方面的问题；做到面向旅客，热情接待，回答准确，用语文明，态度和蔼。

（2）遇疑难问题时，应查阅资料或与有关部门联系后给予解答。

（3）相关资料更新及时，妥善保管。各种规章及时修改。

（4）接听电话问讯时先通报单位和工号。

（5）经常与广播、售票、计划、行包、客运值班室联系，掌握列车运行、客流计划、售票组织、旅客乘降、行包运输等情况。

**3. 班后整理**

（1）进行交班卫生清扫，符合标准。

（2）整理资料、工具、备品定位存放，不短缺。

**4. 对岗交班**

（1）重点事项交接清楚。

（2）按规定填写交接班簿，按作业内容认真办理交接。

### 5.2.3　问讯处服务技能技巧

（1）工作中保持站立服务，站姿端正，精神饱满，面带微笑，思想集中。

（2）旅客走来时，应面带微笑地正视旅客并彬彬有礼地问上一句："您好，有什么可以帮助您的吗？"这有利于消除旅客的焦虑和不安情绪，双方可在融洽的氛围中交流。

（3）其他岗位的工作人员面对旅客询问时，应热情地回答旅客的提问。各岗位的工作人员在车站内行走时遇到旅客问询，应停下脚步，面带微笑，关切地问旅客："先生（女士），您有什么事需要我帮忙吗？"

（4）面对旅客的询问，应正视旅客，全神贯注地倾听。注意不要随便打断对方的问话，让对方把话讲完。需要插话时，应当在对方讲话告一段落后再进行。不要直接否定对方的讲话，更不要"抬杠"，如果没有听清旅客的问话应说："对不起，请您再说一遍，好吗？"

（5）回答时要使用普通话，声音大小适中，语气要温和、耐心、愉快，回答内容要准确。应注意对旅客一视同仁，不以貌取人，以丰富的业务知识和自己的热情与真诚来赢得每位旅客的信任。当旅客向你表示感谢时，应微笑并谦逊地回答："不用谢，这是我应该做的。"

（6）解答旅客询问，不知道的事项或不确定的事项不要信口开河，也不能敷衍旅客。应严格执行"首问首诉"负责制的规定，解答或解决问题直到旅客满意为止，做到问讯工作有始有终。

（7）如果有多位旅客问讯，应从容不迫地一一作答，不能只顾一位旅客，而冷落了其他旅客。凡是答应旅客随后再做答复的事，一定要守信用，适时做出答复。

（8）问讯处工作人员在问讯服务中，应做到百问不厌、百问不倒。熟练掌握本岗位业务基础知识，多总结、多积累相关岗位的业务知识，对交通、旅游、购物、餐饮、住宿、医疗等相关延伸知识也应多收集、多了解，这样才能更好地为旅客服务，想旅客之所想，急旅客之所急，做到"问不倒，问不恼"。

## 任务 5.3　候车室服务礼仪

### 任务导读

候车室（厅）是车站的门面和窗口，是旅客对车站服务产生深刻印象、做出评价的重要部门。宽敞明亮、整洁干净的候车室会给旅客一个愉悦的心情，而良好规范的服务礼仪会让旅客产生赞赏的、信赖的心情，因此，候车室的服务礼仪非常重要。

### 知识点

#### 5.3.1　候车室服务工作

**1. 候车服务**

候车室人多嘈杂，旅客身份较复杂，文化层次相差大，客流量大，要做好文明服务，体现铁路客运服务的新面貌，候车服务是关键而艰难的一个环节。

1）班前准备

了解客流变化、列车运行情况，做到列车正、晚点清楚，做好安全预想。

2）对岗接班

（1）接清设备、设施、备品、卫生、候车布局、重点旅客及承办事项，确保设备、设施作用良好，备品完整定位，旅客按区排队，有序候车，重点旅客有登记，卫生符合标准。

（2）对岗签字接班。

3）班中作业

（1）征求旅客意见，了解旅客需求，解答问讯，实行重点人员重点照顾。认真做到"三要、四心、五主动"，对重点旅客做到"三知三有"。

（2）凭票候车。加强候车室巡视，及时清理闲散人员，做到按区域有序候车，留有通道，确保畅通。

（3）及时更换车次显示（牌），组织旅客排队候车和检票。做到排行不乱队，检票不堵口。

（4）介绍服务项目，及时供应饮用水。

（5）宣传安全、卫生、旅行常识。查堵危险品。做好候车室内禁止吸烟警示工作。

（6）动员携带超重、超大、超长物品的旅客办理托运手续。

（7）整理标牌、座椅，卫生随脏随扫，确保候车室整齐清洁。

（8）及时与有关单位联系调节候车室内照明、温度，确保符合规定。

4）班后整理

（1）进行交班卫生清扫，做到符合标准。

（2）整理工具、备品、标牌、座椅，做到工具、备品存放定位，不短缺。

5）对岗交班

（1）重要事项交接清楚。

（2）按规定填写交接班簿，按作业内容认真办理交接。

**2. 进站检票**

进站检票环节很重要，旅客人多、集中，都想早点检票上车。为此，要做好检票前的组织和宣传工作，以及检票中的服务指导工作。

1）对岗接班

（1）接清客流变化、列车运行情况、设备、设施、备品、卫生及重点事项，做到列车正、晚点清楚，设备、设施作用良好，备品完整定位，卫生符合标准。

（2）对岗签字交接。

2）班中作业

（1）显示检票车次（牌）。

（2）宣传安全、卫生、旅行常识及检票车次、方向、发车时间、上车站台。

（3）检票时维持秩序，并按先重点、后团体、再一般的顺序放行。严格按规定时间检票，确保检票秩序良好。

（4）检查旅客携带品是否超重、超限，查堵危险品。

（5）检票时做到看车票是否有效，车次、日期、到站是否相符，确认后加剪。检票时主动接取身份证等有效证件，还给旅客时递送到手。

（6）严格按照规定时间停止检票、锁闭检票口，并出示停检显示（牌）。

（7）及时清扫检票口卫生。

3）班后整理

（1）进行交班卫生清扫，确保卫生符合标准。

（2）整理工具、备品，做到工具、备品存放定位，不短缺。

4）对岗交班

（1）重要事项交接清楚。

（2）按规定填写交接班簿，按作业内容认真办理交接。

### 5.3.2 候车室服务技能技巧

**1. 候车服务技巧**

（1）热情回答旅客的提问，遇到有人问讯时，应停下脚步主动关切地问："先生（女士），您有什么事需要我帮忙吗？"显示出诚恳和亲切。

（2）用礼貌的语言做好卫生宣传，让不讲卫生者自己觉得不好意思，记住改正。例如，在劝阻旅客吸烟时，可和颜悦色地说："对不起，先生，我们这是无烟候车室，请您到吸烟室去，好吗？"然后再告诉他吸烟室在什么地方，这位旅客会很自觉地把烟熄灭。

（3）主动迎候旅客，随时为他们提供服务，指出他们确切的候车地点，指引旅客按先后顺序依次落座候车。旅客落座后，应把握"三条线"，即两边椅子上坐旅客成两条线，中间过道上行李摆放又成一条线，给人整齐划一、井然有序的感觉。

**2. 检票服务技巧**

（1）宣传好列车情况。积极配合广播室及时、准确、清楚地通告列车运行情况，让旅客做到心中有数而不慌忙奔跑。

（2）检票时应组织好检票秩序。提前在检票口挂出指示牌，并通过电子引导装置不间断显示，可采取提前检票、分段检票、分行检票等方式组织检票，让整个候车室在检票时始终

**铁路运输服务礼仪**

保持检票秩序的井然有序，安静而文明。

（3）检票时，与旅客对话要注意微笑着面对旅客。说话语气要平和，吐字要清楚，态度要和蔼。如面带微笑地向旅客点点头，说一声"您好！"或者说："您好，先生（女士），请您出示身份证或其他证件。"

（4）检票后，应主动把证件递到旅客手中，不要等旅客到你手中来取。交还车票时可说："祝您旅途愉快！"或者说："请您走好，再见。"

（5）如果发现有个别旅客扰乱秩序，应该用和蔼的语气劝阻他："对不起，这位先生（女士），请您按先后顺序检票。"切忌大声呼喊训斥或推搡旅客，这会引起周围旅客对你的反感。你可以用手或身体非常文雅地挡在他的前边，态度严肃、语气坚定地说："对不起，这位先生（女士），请问您的乘车凭证呢？"或者说："对不起，先生（女士），这趟车是对号入座，您必须凭票上车。"还可以说："先生（女士），请您先补张车票再进站，好吗？"

（6）如果几个旅客的证件全由一个人拿着，而这个人又走在最后面，可委婉地说："请问你们几位的证件在谁那儿？别着急，让我先核对一下车票再走，好吗？"

（7）当看到不是本次列车的旅客来检票时，可对他（她）说："对不起，先生（女士），您的车票不是这趟车的。"或者说："对不起，先生（女士），现在检票的是××次，而您的车票却是××次，请您到××候车室去检票。"

（8）检票停止后再有旅客赶来时，应该制止他进站。同时，用和蔼亲切的语气耐心地安慰他，并帮助旅客出主意："先生（女士），您别着急，您改乘××次列车同样可以到达。您可以去售票处办理改签手续。如果您需要的话，我可以帮您去办理，您看可以吗？"切不可对旅客刻薄生硬地埋怨、粗暴地阻挡。

## 任务 5.4　站台服务礼仪

### 任务导读

站台是车站服务的关键岗位之一，旅客在等车和上车时容易混乱，特别是客流量大的时候。同时，由于站台上车来车往，容易发生安全事故，因此，站台服务要将安全和礼仪相结合。

### 知识点

#### 5.4.1　站台客运员仪容仪表

着统一服装，做到仪表整洁、仪容端庄，符合相关要求。上岗时要求不赤足穿鞋，不穿高跟鞋、钉子鞋、拖鞋，不戴首饰，不留长指甲，不染彩色指甲、头发，男性工作人员不留胡须、长发，女性工作人员头发不过肩。

## 5.4.2 站台服务工作

**1. 对岗接班**

（1）接清客流变化、列车运行情况、设备、设施、备品、卫生、安全及重点事项，做到列车正、晚点清楚，设备、设施作用良好，备品完整定位，站台无闲杂人员和无关车辆，卫生符合标准。

（2）对岗签字接班。

**2. 班中作业**

（1）按列车预报提前到岗，检查站台和线路有无障碍物。组织旅客在站台排队等候上车。

（2）迎送列车。组织旅客站在安全线内，注意防止有人抓车、钻车、跳车和横越线路。在规定位置迎送列车，做到姿态端正，目迎目送。

（3）组织旅客有秩序乘降，确保乘降秩序良好。按规定与列车办理站车交接。

（4）积极引导旅客进出站，防止天桥、地道对流。

（5）按岗堵截，防止旅客进入线路。

（6）随时清理站台闲杂人员和无关车辆。

（7）及时清扫环境卫生，清除冰雪、积水。

**3. 班后整理**

（1）进行交班卫生清扫，确保符合标准。

（2）整理工具、备品，定位存放，不短缺。

**4. 对岗交班**

（1）重要事项交接清楚。

（2）按规定填写交接班簿，按作业内容认真办理交接。

## 5.4.3 站台服务技能技巧

（1）及时指引旅客到达列车即将停靠的站台。引导时，音量适中、口齿清晰、简明扼要、敬语当先、措辞恰当，使用正确的引导手势。

（2）列车进站前要维持好站台的秩序。按车厢的距离安排好旅客排队等车。要时刻注意旅客的安全，如个别旅客站得离铁轨较近，要提醒他们站在安全线以后，以防列车进站时出现安全事故。提醒时，音量适中、简明扼要、敬语当先、措辞恰当。

（3）迎接列车时，车站工作人员要足踏白线，双目迎接列车的到来，从列车进入站台开始到列车停靠站台为止。

（4）立岗姿势要求挺胸、收腹，两脚跟并拢，脚尖略分开，双手自然垂直。行走、站立姿态要端正。在工作中不背手、叉腰、抱膀、手插衣兜或裤兜。

（5）列车员验票时，要配合列车员组织旅客排队验票、上车，防止安全事故的发生。

（6）列车离开车站时，要足踏白线，直到目送列车开出站台为止。

（7）清理站台闲杂人员时，语言文明。发现旅客有困难时，积极主动帮忙解决。

铁路运输服务礼仪

## 任务 5.5　出站口服务礼仪

### 任务导读

出站口是车站进行客运服务的最后一个环节，其服务礼仪依然不容忽视。在乘客通过出站口时，出站口的卫生环境、工作人员的精神面貌、仪容仪表以及指引验票的服务动作、语言都会引起乘客的注意，给乘客带来不同的感受。

### 知识点

**1. 对岗接班**

（1）对岗接班要求接班人员上岗前将乘客客流变化、列车运行情况、设备、设施、备品、环境卫生及重点事项交接清楚。确保做到列车正、晚点清楚，设备、设施作用良好，备品完整定位，账款相符，资料正确齐备，卫生符合标准。

（2）对岗签字接班。

**2. 班中作业**

（1）按列车预报到站时间提前到岗，积极引导出站旅客有序出站，随时为旅客指明正确的出站方向，维护良好的出站秩序。

（2）乘客通过出站闸机时，若发现有持无效车票或携带品超重、超限的旅客，应做到不吵不闹、不搜身、不扣押乘客身份证及物品，耐心对其宣传规章以纠正其违章乘车行为。

（3）当乘客还未验票就靠近闸机导致闸机错误报警时，应当及时做出指引："乘客您好，请您向后退一点再验票。"同时正确使用引导手势引导乘客后退。

（4）当发现闸机扇门关闭或转杆被锁无法打开时，可以根据闸机显示的内容初步判断乘客车票存在的问题，同时正确使用服务用语："乘客您好，请您到客服中心进行票务处理，谢谢！"并用引导手势向乘客指引客服中心位置。

（5）对于需要补收票款的乘客，应做到准确计算运输里程、票价、运价，并正确填写票据。补收票价、运费、杂费，要求检斤准确、计费正确，正当维护路收，不乱补乱罚，票据填写应做到规范清晰，并按规定加盖印章。

（6）遇到特殊乘客，如老人、妇女及儿童应给予适当关注，协助其尽快出站。

（7）随时清理出站通道，保持畅通。

**3. 班后整理**

（1）结算票据，清点账款，及时交账。做到账、票、款相符。

（2）进行交班卫生清洁打扫。

（3）整理资料、工具、备品，做到定位存放，不短缺。

**4. 对岗交班**

（1）对岗交班时重要事情应当交接清楚。

（2）按规定填写交接班簿，按作业内容认真办理交接。

## 项目5 铁路车站客运服务礼仪

### 拓展阅读

#### 读旅客列车车次编码，有什么难的？

车次是不同类别列车的标志，运营中的每趟旅客列车都有车次编码。车次编码的基本要求是：唯一性、简单性、易识别、方便管理。从车次编码可以识别列车的种类、等级、运行方向和运距的大体情况。

G某次列车，G代表高速动车组旅客列车，是首字汉语拼音大写首字母，读作"高"。
C某次列车，C代表城际动车组旅客列车，是首字汉语拼音大写首字母，读作"城"。
D某次列车，D代表动车组旅客列车，是首字汉语拼音大写首字母，读作"动"。
Z某次列车，Z代表直达特快旅客列车，是首字汉语拼音大写首字母，读作"直"。
T某次列车，T代表特快旅客列车，是首字汉语拼音大写首字母，读作"特"。
K某次列车，K代表快速旅客列车，是首字汉语拼音大写首字母，读作"快"。
L某次列车，L代表临时旅客列车，是首字汉语拼音大写首字母，读作"临"。
Y某次列车，Y代表旅游列车，是第二个字汉语拼音大写首字母，读作"游"。

1~998按阿拉伯数字发音，如"5"读成"伍"，"10"读成"拾"，"13"读成"拾叁"，"30"读成"叁拾"，"45"读成"肆拾伍"，"232"读成"贰佰叁拾贰"，"340"读成"叁佰肆拾""405"读成"肆佰零伍"，"200"读成"贰佰"。

1001~8998只读数字码，逢千的倍数读成"几仟"，如"2345"读成"贰叁肆伍"，"3005"读成"叁零零伍"，"4500"读成"肆伍零零"，"2000"读成"两仟"，"3000"读成"叁仟"。

在铁路系统行车组织呼叫应答中，为了避免误听数字，"0"不读"零"，读"洞"，"1"不读"壹"，读"幺"，"2"不读"贰"，读"两"，"7"不读"柒"，读"拐"。

### 思政园地

#### 王琳娜：在候车室奔跑的追梦人

2002年，王琳娜从石家庄铁路运输学校毕业进入北京西站，经过考核，幸运地成为"036"候车室的新成员。"036"原是20世纪70年代北京北站客运服务员李淑珍的胸牌号，她一颗真心、满腔热忱，让所有人称道。1999年，北京西站将服务重点旅客的专用候车室命名为"036"候车室。急匆匆的脚步，冬天满头大汗，夏天湿透衣衫，成了王琳娜和同事们的真实写照。现在，"036"候车室的工作人员每天要接送轮椅200多次、担架六七趟和10名左右的盲人旅客。工作再累，王琳娜也从不抱怨。春运客流高峰，王琳娜每天要接送20多趟轮椅，一天下来走路都在10 km以上。时间久了，她的脚上磨出了厚厚的茧子。

全国劳动模范王凤莲是第四代"036"候车室客运员，也是王琳娜的师傅。王琳娜经常利用下夜班后的时间，跟班向师傅学习。师傅有句话一直记在王琳娜心里："要做好服务工作，就得把旅客放在心上，旅客的事再小也是大事。"

春去秋来，日复一日，这里发生的故事一样又不一样。一样的是每天都要帮助各种各样的旅客，不一样的是旅客的困难不尽相同、各种各样。在这个候车室里，王琳娜和同事们抢救过突发心脏病、癫痫病的旅客，为焦急的家长找过走失的小孩，劝解过离家出走的大爷顺利回家，紧急迎接过两个小婴儿的降生，用轮椅推过手术后的病人，用担架抬过身患重病的旅客……

在"036"候车室，有一本重点旅客服务册，上面详细记载着服务过的旅客姓名、车次、病情等。这样可以登记上百名旅客的册子，平均每3个班就会用完1本，而这还只是部分旅客名单。

每次推轮椅过坎时，王琳娜总会提醒旅客坐好，同时轻轻用力，把前轮抬起；进车厢时，她又会让轮椅后轮先上车……点滴细节中，是为了旅客更安全更舒服，也体现着王琳娜服务的处处用心。

一代人有一代人的使命，一代人有一代人的担当。作为第五代"036"传人，王琳娜为"036"精神注入自己的智慧和汗水。

## 任务训练

**1. 任务内容及要求**

任务内容：铁路车站客运服务礼仪训练。

任务要求：要求学生以小组为单位，分角色扮演售票员、问讯处客运员、候车室客运员、站台客运员和旅客，模拟旅客运输服务工作流程，练习客运服务中应注意的要点。

**2. 任务评价**

| 序号 | 考核内容 | 权重/% | 考核评价 | | | |
|---|---|---|---|---|---|---|
| | | | 个人评价 | 小组评价 | 教师评价 | 得分 |
| 1 | 礼貌用语 | 20 | | | | |
| 2 | 仪容仪表 | 20 | | | | |
| 3 | 客运岗位的服务技能 | 50 | | | | |
| 4 | 小组合作整体完成情况 | 10 | | | | |
| | 项目得分统计 | | | | | |

# 项目 6

# 列车乘务服务礼仪

## 📍 知识目标

1. 掌握列车乘务人员的服务用语和服务态度,对乘务人员的素质要求。
2. 了解列车安全、设备、设施、环境卫生的基本规定,掌握定位摆放标准。
3. 掌握列车长和列车乘务员岗位作业标准。

## 📍 能力目标

1. 让学生在了解列车乘务人员礼仪标准的基础上,掌握与旅客沟通的技巧,并能够应用到实际工作中,处理突发问题。
2. 对列车设施,设备知放置位置,知作用功能,并且会操作使用。

## 🚩 思政目标

1. 让学生通过学习本项目内容,丰富自己有关乘务服务的知识,提高专业素养和个人素质,为投入工作打好基础,树立信心。
2. 培养学生的服务意识,正确认识服务行业,摒除偏见,端正服务态度,更好地投身于交通强国事业中。

## 📑 引导案例

### 女乘客躺地阻拦高铁发车致晚点

1月9日下午,合肥火车站通过官方微博通报称,1月5日,由蚌埠南站开往广州南站的G1747次列车在合肥站停站办客时,一名带着孩子的女性旅客以等老公为名,用身体强行阻挡车门关闭,铁路工作人员和乘客多次劝解,该女子仍强行扒阻车门,造成该列车晚点发车。据了解,目前铁路公安已介入调查处理。

当事人接受记者采访时回忆:"上周五,我和老公带着女儿去广州办事。坐的是 G1747 次列车,从合肥到广州,原定 16:39 发车。因为我们跑错了车站,到检票口的时候已经是 16:37 了,但我在出租车上查到这个车已经晚点到 16:52 发车了。"她说,当他们到检票口的时候,检票口没有关,有工作人员,但工作人员没有检票,也没有拦他们,就放她和她女儿过去了。"下去之后,我发现老公没下来。给他打电话,他说他被检票人员拦下了。"据其称,"我下去的时候,看到车还没有开,车门是开着的。我觉得动车在一个站就停 10 min,我还剩 2 min,我为什么就不能上车呢?只要我老公 10 s 内能下来,就没事了,我当时是不是只能让我老公下来?我这样做有错吗?我觉得 10 s 就能下来的事,为什么就不让他下来呢,我就在门口站

铁路运输服务礼仪

着了。"

通报称，经查，1月5日，在经合肥站开往广州南站的G1747次高铁列车上，罗某某为等候爱人，用身体强行阻挡车门关闭，并要求列车员通知检票员放行其爱人，列车员和乘客多次劝解无果。此举影响恶劣。

导入问题：
1. 拦停高铁会产生什么后果？
2. 如何杜绝高铁乘车不文明现象？

## 任务6.1　动车组列车乘务服务礼仪

### 任务导读

铁路旅客列车是铁路旅客运输的重要组成部分，旅客在旅行过程中的大部分时间都在列车上度过，列车上客运服务质量的优劣直接影响了铁路旅客运输服务的质量，列车客运服务对于增加旅客满意度、培养旅客忠诚度、提升铁路整体形象具有重要的意义。列车上客运服务人员要时时面对旅客，在旅客乘降、车厢服务、票务处理等各环节中，为旅客提供优质的服务。

### 知识点

#### 6.1.1　安全秩序

**1. 安全管理制度**

防火防爆、人身安全、食品安全、现金票据、结合部等安全管理制度健全有效。

**2. 服务设施**

出、入动车所前，由车辆、客运人员对上部服务设施状态进行检查，办理一次性交接；运行途中，发现上部服务设施故障时，客运乘务人员立即向列车长报告，并通知随车机械师共同确认、处理。

**3. 安全设施、设备**

各车厢灭火器、紧急制动阀（手柄或按钮）、烟雾报警器、应急照明灯、防火隔断门、紧急门锁、紧急破窗锤、气密窗、厕所紧急呼叫按钮及车门防护网（带）、应急梯、紧急用渡板、应急灯（手电筒）、扩音器等安全设施、设备配置齐全，作用良好，定位放置。乘务人员知位置、知性能、会使用。

**4. 电器设备**

安全使用电源，正确使用电器设备。电器元件安装牢固，接线及插座无松动，按钮开关、指示灯作用良好。不乱接电源和增加电器设备，不超过允许负载。配电室（箱）、电气控制柜锁闭，无堆放物品。不用水冲刷车内地板、连接处和车内电器设备。

**5. 厨房电器**

餐车配置的微波炉、电烤箱、咖啡机等厨房电器符合规定数量、规格和额定功率，规范使用，使用中有人监管，用后清洁，餐车离人断电。

**6. 执行车门管理制度**

（1）列车到站停稳后，司机或随车机械师开启车门，并监控车门开启状态。开车前，列车长（重联时为运行方向前组列车长）接到车站与客运有关的作业完毕通知后，按规定通知司机或随车机械师关闭车门。

（2）动车组列车停靠低站台时，到站前乘务人员提前锁闭辅助板指示锁并打开翻板，开车后及时将翻板及辅助板指示锁复位。

（3）餐车上货门仅供餐车售货人员补充商品、餐料时使用，无旅客乘降。

（4）列车运行中，车门、气密窗锁闭状态良好。定期巡视，保持通道畅通。发现车门未锁闭或锁闭状态不良时，指派专人看守，并及时通知随车机械师处理。

**7. 安全标志与安全乘车规定**

安全标志设置齐全、规范，符合标准。采用广播、视频、图形标志、服务指南等方式，宣传安全常识和车辆设备、设施的使用方法，提示旅客遵守安全乘车规定。

**8. 运行安全**

运行中做好安全宣传和防范，车内秩序、环境良好，无闲杂人员随车叫卖、捡拾、讨要。发现可能损坏车辆设施和影响安全、文明的行为及时制止。

**9. 禁止吸烟**

全列各处所禁止吸烟。加强禁烟宣传，发现吸烟行为及时劝阻，并由公安机关依法查处。

**10. 物品摆放**

行李架、大件行李存放处物品摆放平稳、牢固、整齐大件行李放在大件行李存放处，不占用席（铺）位，不堵塞通道。锐器、易碎品、杆状物品及重物等放在座（铺）位下面或大件行李存放处。衣帽钩限挂衣帽、服饰等轻质物品。使用小桌板不超过承重范围。

**11. 可疑及无人认领物品**

发现旅客携带品可疑及无人认领的物品时，配备乘警（或列车安全员，下同）的列车通知乘警到场处理；未配备乘警的由列车长按规定处理，对危险品做好登记、保管及现场处置，并交前方停车站（公安部门）处理。

**12. 行为、神情异常旅客**

发现行为、神情异常的旅客时，重点关注，配备乘警的列车通知乘警到场处理；未配备乘警的由列车长按规定处理，情形严重时交列车运行前方停车站处理。

**13. 旅客伤病**

发生旅客伤病时，提供协助，通过广播寻求医护人员帮助；情形严重的，报告客调。

**14. 站车交接**

办理站车交接，短编组动车组列车在4号、5号车厢之间；长编组动车组列车在8号、9号车厢之间；重联动车组列车在列车运行方向前组第7号、第8号车厢之间。

**15. 进出通道**

乘务人员进出车站和动车所（客技站）时走指定通道，通过线路时走天桥、人行地道，走平交道时做到"一停、二看、三通过"，不横越线路，不钻车底，不跨越车钩，不与运行中的机车车辆抢行。进出车站时集体列队。

**16. 乘务人员**

乘务人员在接班前充分休息，保持精力充沛，不在班前、班中、折返站饮酒。

### 6.1.2 设备、设施

**1. 车辆设备、设施管理**

车辆设备、设施齐全，符合动车组出所质量标准。

1）车辆使用规范

乘务员室、监控室、多功能室、洗脸间、厕所、电气控制柜、备品柜、储藏柜、清洁柜、衣帽柜、大件行李存放处、软卧会客室等不挪作他用或改变用途。多功能室用于照顾重点旅客。

2）车辆状态良好

车辆外观整洁，内外部油漆无剥落、褪色、流坠；车内顶棚不漏水，内外墙板及车内地板无破损、无塌陷、不鼓泡；渡板及各部位压条、压板、螺栓不松动、无翘起；脚蹬安装牢固，无腐蚀破损；手把杆无破损、松动。各部位金属部件无锈蚀。

3）车内设施完好

广播、空调、电茶炉、饮水机、照明灯具、电子显示屏、电视机、车载视频监控终端、控制面板、电源插座、车门、端门、儿童票标高线、地板、车窗、翻板、站台补偿器、窗帘、座椅、脚蹬、小桌板、靠背网兜、茶桌、座席号牌、衣帽钩、行李架、垃圾箱、洗手盆、水龙头、梳妆台、面镜、便器、洗手液盒、一次性坐便垫盒、卫生纸盒、擦手纸盒、婴儿护理台、镜框、洗脸间门帘、干手器，商务座车小吧台、呼唤应答器、阅读灯，软卧车铺位号牌、包房号牌、卧铺栏杆、扶手、呼叫按钮、沙发、报刊栏，餐车侧门、餐桌、吧台、冰箱、展示柜、微波炉、电烤箱、售货车等服务设备、设施齐全，作用良好，正常使用，外观整洁，故障、破损及时修复。

**2. 服务图形标志规范**

车内各种服务图形标志型号一致，位置统一，安装牢固，齐全醒目，符合规定。

**3. 车厢外部显示准确**

车厢外部的电子显示屏显示列车运行区间、车次、车厢顺号等信息，车内电子显示屏显示列车运行区间、车次、车厢顺号、停站、运行速度、温度、中国铁路客户服务中心客户服务电话（区号+电话号码）、安全提示等信息，显示及时、准确。

### 6.1.3 服务备品

**1. 服务备品质量**

服务备品、材料等符合国家环保规定，质量符合要求，色调与车内环境相协调。

**2. 服务备品配置**

服务备品齐全，干净整洁，定位摆放。布制、易耗备品备用充足，保证使用。布制备品按规定的时间使用和换洗，有启用时间（年、月）标志。

1）软卧车（含高级软卧车）

（1）包房内有被套、被芯、枕套、枕芯、床单、垫毯、卧铺套、靠背套、茶几布、一次性拖鞋、衣架、不锈钢果皮盘、带盖垃圾桶、热水瓶、面巾纸盒及服务指南、免费读物。

（2）备有托盘、热水瓶和一次性硬质塑料水杯。

2）软卧代座车

（1）包房内有卧铺套、靠背套、不锈钢果皮盘。

（2）包房门框上原铺位号牌处有座席号牌。
（3）备有热水瓶和一次性硬质塑料水杯。

3）商务座车
（1）提供小毛巾，就餐时提供餐巾纸、牙签。
（2）有耳塞、靠垫、鞋套、一次性拖鞋、清洁袋和专项服务项目单、服务指南、免费读物。
（3）备有防寒毯、耳机、眼罩、托盘、热水瓶和一次性硬质塑料水杯。

4）特等座、一等座、二等座车
（1）有清洁袋、免费读物和服务指南，放置在座椅靠背袋内或其他指定位置。
（2）有座椅套、头枕片；特等座、一等座车座椅有头枕。
（3）电茶炉配有纸杯架的，有一次性纸杯。
（4）乘务组备有热水瓶、耳塞和一次性硬质塑料水杯。

5）餐车
（1）有座椅套。
（2）有售货车、托盘、热水瓶、一次性硬质塑料水杯。
（3）备有餐巾纸、牙签。

6）洗脸间
洗脸间有洗手液、擦手纸（或干手器）。

7）厕所
厕所内有芳香盒和水溶性好的卫生纸、擦手纸，坐便器有一次性坐便垫圈，小便池内放置芳香球。

**3. 贴身卧具要求**

贴身卧具（被套、床单、枕套）和头枕片干燥、清洁、平整、无污渍、无破损，已使用与未使用的卧具折叠整齐，分别装袋保管。卧具袋防水、耐磨、干净、无破损。贴身卧具与其他布质备品分类洗涤，洗涤、存储、装运及更换不落地、无污染。

**4. 非贴身卧具要求**

卧车垫毯、被芯、枕芯等非贴身卧具备品干燥、清洁、无污渍、无破损，定期晾晒。被芯、枕芯先加装包裹套，再使用被套、枕套。包裹套定期清洗，保持干燥、整洁。

**5. 布制备品存放**

布制备品定位存放在储物（藏）柜内。无储物（藏）柜或储物（藏）柜容量不足的，软卧车定位放置在3号、7号、11号卧铺下。

**6. 厕所专用清扫工具要求**

有厕所专用清扫工具，与车内清扫工具分开定位存放在清洁柜内；无清洁柜的定位隐蔽存放。商务座、特等座、一等座车厢客室内不存放清洁工具。清扫工具、清洁剂材质符合规定。

**7. 清洁袋要求**

清洁袋质地、规格符合规定，具有防水、承重性能。

**8. 垃圾小推车、垃圾袋**

每标准编组车底配备2辆垃圾小推车，垃圾箱（桶）内用垃圾袋符合国家标准，印有使用单位标志，与垃圾箱（桶）规格匹配，厚度不小于0.025 mm。

### 9. 业务工具

列车配有票剪、补票机、站车客运信息无线交互系统手持终端和 GSM-R 通信设备；乘务人员配置具备录音功能的手持电台及音视频记录仪。设备电量充足，作用良好。站车客运信息无线交互系统手持终端在始发前登录，途中及时更新信息。

## 6.1.4 整备

**1. 出库标准**

（1）车厢内外各部位整洁，窗明几净，四壁无尘，物见本色。
① 外车皮、站台补偿器内外、窗门框及玻璃、扶手干净、无污渍。
② 天花板（顶棚）、板壁、边角、地板、连接处、灯罩、座椅（铺位）、空调口、通风口、电茶炉、靠背袋网兜内等部位清洁卫生，无尘无垢，缝隙无杂物。
③ 热水瓶、果皮盘、垃圾箱（桶）、洗脸间内外洁净。
④ 餐车橱、柜、箱干净无异味，分类标志清晰，商品、餐、饮品和备品等分类定位放置。
⑤ 厕所无积便、积垢、异味，地面干净无杂物。污物箱内污物排尽。
（2）深度保洁结合检修计划安排在白天作业，范围包括车厢天花板、板壁、遮阳板（窗帘）、灯罩、连接处、车梯、商务座椅表面、座椅（铺位）缝隙、座椅扶手及旋转器卡槽、小桌板、脚踏板、暖气罩缝隙、洗手液盒、车厢边角以及电茶炉、饮水机内部。
（3）布制品、消耗品和保洁工具等服务备品配备齐全，定位放置，定型统一。
① 卧具叠放整齐，摆放统一，床单、头枕片、座席套、茶几布等铺设平整，干净整洁。
② 清洁袋、洗手液、卫生纸、擦手纸、一次性坐便垫圈、服务指南、免费读物、商务座专项服务等备品补足配齐，定位放置。服务指南中含有旅行须知、乘车安全须知、本车型的设备设施介绍、主要停靠站公交信息、铁路 12306 手机客户端和微信公众号二维码及本趟列车销售的商品价目表、菜单。
③ 垃圾小推车等保洁工具及售货车等备品定位放置，不影响旅客使用空间。
（4）可旋转式座椅转向列车运行方向。
（5）定期进行"消、杀、灭"，蚊、蝇、蟑螂等病媒昆虫指数及鼠密度符合国家规定。

**2. 途中标准**

（1）使用垃圾小推车和专用工具适时保洁，保持整洁卫生。旅客下车后及时恢复车容。
① 各处所地面墩扫及时，干燥、干净；台面、桌面、面镜擦抹及时，干净、无水渍。
② 洗脸（手）池、电茶炉沥水盘清理、擦抹及时，无污渍，无残渣，无堵塞，无积水；垃圾车、垃圾箱（桶）、清洁袋、靠背袋网兜、果皮盘清理及时，无残渣；厕所畅通无污物，无异味，按规定吸污。
③ 餐车餐桌、吧台、工作台、微波炉及各橱、箱、柜内保持洁净。
（2）备品、卧具管理。清洁袋、洗手液、卫生纸、擦手纸、一次性坐便垫圈等备品补充及时；卧具污染更换及时。
（3）垃圾装袋、封口、无渗漏，定位放置，在指定站定点投放；不向车外扫倒垃圾、抛扔杂物。

**3. 终到标准**

终到站时车内无垃圾、污水、粪便、异味。垃圾装袋、封口、无渗漏，到站定点投放。

### 4. 到站立即折返标准

（1）站台侧车外皮、门框、车窗干净，无污物、无积尘。

（2）车内地面清洁，行李架、大件行李存放处、扶手及座椅（铺位）、窗台上和靠背网兜内干净整洁；垃圾箱（桶）内无垃圾，无异味。

（3）热水瓶、果皮盘内外洁净，垃圾箱（桶）、洗脸间四周洁净。

（4）餐车橱、柜、箱干净无异味，分类标志清晰，商品、餐、饮品和备品等分类定位放置。

（5）洗脸间、厕所面镜洁净，洗脸（手）池、便器无污物、无异味。电茶炉沥水盘洁净。

（6）布制品、消耗品和保洁工具等服务备品配备齐全，定位放置，定型统一。

① 卧具叠放整齐，摆放统一，床单、头枕片、座席套、茶几布等铺设平整，干净整洁。

② 清洁袋、洗手液、卫生纸、擦手纸、一次性坐便垫圈、服务指南、免费读物、商务座专项服务等备品补足配齐，定位放置。

③ 保洁工具、售货车等备品定位放置，不影响旅客使用空间。

（7）可旋转式座椅转向列车运行方向。

## 6.1.5 文明服务

**1. 仪容整洁，着装统一，整齐规范**

（1）头发干净整齐、颜色自然，不理奇异发型、不剃光头。男性两侧鬓角不得超过耳垂底部，后部不长于衬衣领，不遮盖眉毛、耳朵，不烫发，不留胡须；女性发不过肩，刘海长不遮眉，短发不短于 7 cm。

（2）面部、双手保持清洁，身体外露部位无文身。指甲修剪整齐，长度不超过指尖 2 mm，不染彩色指甲。

（3）女性淡妆上岗，唇线与口红的颜色一致；眉毛修剪整齐，眉毛和眼线为黑色或深棕色；眼影的颜色与制服一致；使用清香、淡雅型香水。工作中保持妆容美观，端庄大方。补妆及时，在洗手间或乘务间进行。不浓妆艳抹。

（4）乘务组换装统一，衣扣拉链整齐。着裙装时，丝袜统一，无破损。系领带时，衬衣束在裙子或裤子内。外露的皮带为黑色。佩戴的外露饰物款式简洁，限手表一只、戒指一枚，女性还可佩戴发夹、发箍或头花及一副直径不超过 3 mm 的耳钉。不歪戴帽子，不挽袖子和卷裤脚，不敞胸露怀，不赤足穿鞋，不穿尖头鞋、拖鞋、露趾鞋，鞋的颜色为深色系，鞋跟高度不超过 3.5 cm，跟径不小于 3.5 cm。

（5）佩戴职务标志，胸章牌（长方形职务标志）戴于左胸口袋上方正中，下边沿距口袋 1 cm 处（无口袋的戴于相应位置），包含单位、姓名、职务、工号等内容。臂章佩戴在上衣左袖肩下四指处。按规定应佩戴制帽的工作人员，在执行职务时戴上制帽，帽徽在制帽折檐上方正中。除列车长外，其他客运乘务人员在车厢内作业时可不戴制帽。

（6）餐车加热、供应餐食时，服务人员戴口罩、手套；女性穿围裙。

**2. 表情自然，态度和蔼，用语文明，举止得体，庄重大方**

（1）使用普通话，表达准确，口齿清晰。服务语言表达规范、准确，使用"请、您好、谢谢、对不起、再见"等服务用语。对旅客、货主称呼恰当，统称为"旅客们""各位旅客""旅客朋友"，也可单独称为"先生、女士、小朋友、同志"等。

（2）旅客问讯时，面向旅客站立（工作人员办理业务时除外），目视旅客，有问必答，回答准确,解释耐心。遇有失误时,向旅客表示歉意。对旅客的配合与支持,表示感谢。

(3) 坐立、行走姿态端正,步伐适中,轻重适宜。在旅客多的地方,先示意后通行;与旅客走对面时,要主动侧身面向旅客让行,不与旅客抢行。列队出(退)勤(乘)时,按规定线路行走,步伐一致,箱(包)在同一侧。

(4) 立岗姿势规范,精神饱满。站立时,挺胸收腹,两肩平衡,身体自然挺直,双臂自然下垂,手指并拢贴于裤线上,脚跟靠拢,脚尖略向外张成V形。女性可双手四指并拢,交叉相握,右手叠放在左手之上,自然垂于腹前;左脚靠在右脚内侧,夹角为45°,成"丁"字形。

(5) 列车进出站时,在车门口立岗,面向站台致注目礼,以列车进入站台开始,开出站台为止。办理交接时行举手礼,右手五指并拢平展,向内上方举手至帽檐右侧边沿,小臂形成45°角。

(6) 清理卫生时,清扫工具不触碰旅客及携带物品。挪动旅客物品时,征得旅客同意。需要踩踏座席、铺位时,戴鞋套或使用垫布。占用洗脸间洗漱时,礼让旅客。清洁厕所时,作业人员戴保洁专用手套。

(7) 夜间作业、行走、交谈、开关门要轻。进包房先敲门,离开时应倒退出包房。

(8) 不高声喧哗、嬉笑打闹、勾肩搭背,定时定点分批用乘务餐,其他时段不在旅客面前吃食物、吸烟、剔牙齿和出现其他不文明、不礼貌的动作,不对旅客评头论足,接班前和工作中不食用异味食品。餐车对旅客供餐时,不在餐车逗留、闲谈、占用座席、陪客人就餐。

3. 温度适宜,环境舒适

(1) 通风系统作用良好,车内空气清新,质量符合国家标准。始发前对车厢进行预冷、预热,空调温度调节适宜,体感舒适,原则上保持冬季18~20 ℃,夏季26~28 ℃。

(2) 车内照明符合规定。夜间运行(22:00—07:00)时,座车照明开关置于半灯位;始发、终到站和客流量大的停站以及列车途经地区与北京时间存在时差时自行调整。

(3) 广播视频。

① 广播常播内容录音化。使用普通话。经停少数民族自治地区车站的列车可根据需要增加当地通用的民族语言播音。过港列车可增加粤语播音。直通列车可增加英语播报客运作业信息。

② 广播语音清晰,音量适宜,用语准确,不干扰旅客正常休息。自动广播系统播报正确。

③ 视频系统性能良好,使用正常,始发前开启系统播放节目,播放内容符合规定并定期更新。

④ 广播、视频内容以方便旅行生活为主,介绍宣传安全常识和车辆设备、设施的使用方法,提示旅客遵守安全乘车规定,播报前方停站、到站信息等内容,可适当插播文艺娱乐、文明礼仪、沿线风光、民俗风情、餐食供应、广告等节目。

4. 用水供应

(1) 饮用水保证供应,途中上水站按规定上水。

(2) 运行途中为有需求的重点旅客提供送水服务;售货车配热水瓶,利用售货时为有需求的旅客提供补水服务。

5. 厕所使用

运行途中,厕所吸污时或未供电时锁闭厕所,其他时间不锁厕所。厕所锁闭时,可为特殊情况急需使用厕所的旅客提供方便。

### 6. 电源插座

公共区域的电源插座保证符合标示范围的旅行必需的小型电器正常使用。

### 7. 旅客运输服务信息

通过图形符号、电子显示、广播、视频、服务指南等方式宣传旅客运输服务信息，引导旅客自助服务。

### 8. 卧车管理

卧具终点站收取，贴身卧具一客一换。到站前提醒卧车旅客做好下车准备，不干扰其他旅客。夜间运行，卧车乘务员在边凳值岗，并定时巡视车厢。始发后和夜间客运乘务人员对卧车核对铺位。列车剩余铺位在列车办公席或指定位置公开发售，公布手续费收费标准。

### 9. 旅客遗失物品

发现旅客遗失物品妥善保管，设法归还失主，无法归还时编制客运记录交站处理。无法判明旅客下车站时交列车终到站处理。

### 10. 相应服务

根据旅客乘坐列车等级和席别提供相应服务。

（1）商务座车配有专职人员，主动介绍专项服务项目，提供饮品、餐食、小食品、小毛巾、耳塞等服务。

① 饮品有茶水、饮料，品种不少于 6 种，茶水全程供应。

② 逢供餐时间的，免费供应餐食。供餐时间为：早餐 08:00 以前，正餐 11:30—13:00、17:30—19:00。

③ 正餐以冷链为主，配用速溶汤，分量适中，可另行配备面点、菜品、佐餐料包等。品种不少于 3 种，配有清真餐食，定期调整。

④ 选用非油炸类点心、蜜饯类、坚果类等无壳、无核、无皮、无骨的休闲小食品，品种不少于 6 种，独立小包装。

（2）"G"字头跨局动车组特等座、一等座车提供饮品、小食品、送水等服务。

### 11. 全面服务，重点照顾

（1）无需求无干扰。通过广播、电子显示屏等方式宣传服务设备的使用方法，方便旅客自助服务。

（2）有需求有服务。在各车厢电子显示屏公布中国铁路客户服务中心客户服务电话（区号+电话号码）。实行首问首诉负责制。受理旅客咨询、求助、投诉，及时回应，热情处置，有问必答，回答准确；对旅客提出的问题不能解决时，指引到相应岗位，并做好耐心解释。

（3）重点关注，优先照顾，保障重点旅客服务。

① 按规范设置无障碍厕所、座椅、专用座席等设施设备，保证作用良好。

② 对重点旅客做到"三知三有"（知座席、知到站、知困难，有登记、有服务、有交接）；为有需求的特殊重点旅客联系到站提供担架、轮椅等辅助器具，及时办理站车交接。

（4）尊重民族习俗和宗教信仰。经停少数民族自治地区车站的列车可按规定在图形标志增加当地通用的民族语言文字，可根据需要增加当地通用的民族语言播音。

## 6.1.6 应急处置

### 1. 应急处置预案与培训

火灾爆炸、重大疫情、食物中毒、空调失效、设备故障和列车大面积晚点、停运、变更径路、启用热备车底等非正常情况下的应急处置预案健全有效，预案内容分工明确，流程清晰。日常组织培训，定期组织演练，培训、演练有记录、有结果、有考核。

**2. 应急物品**

配备照明灯、扩音器、口笛等应急物品，电量充足，性能良好。灾害多发季节增备易于保质的食品、饮用水和应急药品，单独存放。

**3. 非正常情况处置**

遇火灾爆炸、重大疫情、食物中毒、空调失效、设备故障和列车大面积晚点、停运、变更径路、启用热备车底等非正常情况时，及时启动应急预案，掌握车内旅客人数及到站情况，维持车内秩序，准确通报信息，做好咨询、解释、安抚、生活保障等善后工作。

（1）列车晚点 15 min 以上时，列车长根据调度、本段派班室（值班室）或车站的通报，向旅客公告列车晚点信息，说明晚点原因、预计晚点时间。广播每次间隔不超过 30 min，可利用电子显示屏实时显示。

（2）遇列车空调故障时，有条件的，将旅客疏散到空调良好的车厢；需开启车门通风的，按规定安装防护网，由专人防护。在停车站，开启站台一侧车门；在途中，开启运行方向左侧（非会车侧）车门。运行途中劝阻旅客不在连接处停留，临时停车严禁旅客下车。在站停车须组织旅客下车时，站车共同组织。按规定做好旅客到站退还票价差额时的站车交接。

（3）热备车底的乘务人员、随车备品和服务用品同步配置到位。遇启用热备车底时，做好宣传解释，配合车站组织旅客换乘其他列车，或者按照车站通报的席位调整计划组织旅客调整席位，按规定做好站车交接。

（4）遇变更径路时，做好宣传解释，配合车站组织不同径路的旅客下车，按规定做好站车交接。

（5）车门故障无法自动开启时，手动开启车门，并通知随车机械师处理；无法关闭时，由专人看守并通知随车机械师处理。使用车门紧急解锁拉手后，及时复位。

（6）发生烟火报警时，随车机械师、列车长和乘警根据司机通知立即到报警车厢查实确认，查看指定车厢的客室、卫生间，随车机械师重点查看电气设备。若发生客室或设备火情，列车长或随车机械师立即通知司机按规定实施制动停车，并启动应急预案进行处理；若确认因吸烟等非火情导致烟火报警时，由随车机械师做好恢复处理，乘警依法调查，并向旅客通告。

（7）发生人身伤害或突发疾病时，积极采取救助措施，按规定办理站车交接，客运乘务员不下车参与处理。必要时可请求在前方所在地有医疗条件的车站临时停车处理。

### 6.1.7 高铁快运

**1. 作业要求**

高铁快运使用专用箱、冷藏箱、集装袋等集装容器以集装件的形式在高铁车站间运输，集装件应装载在列车指定位置，载客动车组列车可将集装件装载大件行李存放处、二等车厢最后一排座椅后空当处、集装件专用存放柜、动卧列车预留包厢等位置；一节车厢内大件行李存放处和最后一排座椅后空当处预留不少于三分之一的空间供旅客使用；集装件码放在车厢内最后一排座椅后的空当处时，不影响座椅靠背后倾；需中途换向的列车，不使用最后一排座椅后的空当处。利用高铁确认列车运输时，集装件还可码放在二等座车座椅间隔处等位置，但不得码放在座椅上；装载重量不超过列车允许载重量。

**2. 巡视检查**

有押运员跟车作业的列车，列车长要对押运员的证件检查和登记。无押运员跟车作业的列车，列车乘务人员在运行途中巡视、检查高铁快运集装件码放、外包装、施封等状况。发现高铁快运集装件短少或外包装、施封破损立即报告列车长。列车长到场确认后，组织查找，必要时报警。上述异常情况列车长开具客运记录，载明现有集装件数量、编号或内装物品实际情况，到站时交快运公司工作人员处理。

**3. 列车更换车底、终止运行处理**

遇列车故障途中需更换车底或终止运行时，由列车长通知押运员，由押运员负责集装件换乘和后续处置。无押运员时，列车长报告被换乘车所在地铁路局集团公司高铁客服调度员（客运调度员）高铁快运装载情况，乘务组临时看管集装件。换乘地点在车站时，原列乘务组在车站协助下组织集装件换乘，不具备换乘条件时集装件随原列回程或交车站临时看管；换乘地点在区间时，集装件随原列回程；列车长在换乘或交车站前开具客运记录附于集装件上。

## 6.1.8　人员素质

（1）身体健康，五官端正，持有效健康证明。

（2）具备高中（职高、中专）及以上文化程度，保洁人员可适当调整。

（3）持有效上岗证，经过岗前安全、技术业务培训合格。从事餐饮服务的人员有卫生知识培训合格证明。广播员有一定编写水平，经过广播业务、技术培训合格。

（4）列车长从事列车乘务工作满2年。列车值班员从事列车乘务工作满1年。列车长、商务座、软卧列车员能够使用简单英语。

（5）熟练使用本岗位相关设备、设施，熟知本岗位业务知识和职责，掌握担当列车沿途停站和时刻以及上水、吸污、垃圾投放等作业情况。熟悉本岗位相关应急处置流程，具备应对突发事件的能力。

## 6.1.9　基础管理

（1）管理制度健全，有考核，有记载。定期分析安全和服务质量状况，有针对性具体整改措施。

（2）按规定配置业务资料，内容修改及时、正确。除携带铁路电报、客运记录外，车上不携带其他纸质资料台账。

（3）各工种在列车长的领导下，按岗位责任各负其责，相互协作，落实作业标准，有监督，有检查，有考核。

（4）业务办理符合规定，票据、台账、报表填写规范、内容准确、完整清晰。配备保险柜，营运进款结算准确，票据、现金及时入柜加锁，到站按规定解款。

（5）客运乘务人员配备统一乘务箱（包），集中定位摆放；洗漱用具、茶杯等定位摆放。

（6）库内保洁作业纳入动车所一体化作业管理，动车所满足一体化吸污、保洁等整备作业条件。

（7）备品柜、储藏柜按车辆设计功能使用，备品定位摆放。单独配置的备品柜与车身固定，并与车内环境相协调。

（8）定期开展职业技能培训，培训内容适应岗位要求，评判准确。

铁路运输服务礼仪

## 任务 6.2　普速旅客列车乘务服务礼仪

**任务导读**

铁路旅客运输服务质量规范（空调、非空调列车）内容除适用指定具体列车类型外，均适用空调、非空调列车。

**知识点**

### 6.2.1　安全秩序

**1. 安全管理制度**

防火防爆、人身安全、食品安全、现金票据、结合部等安全管理制度健全有效。

**2. 三乘检查**

列车始发前及途中，客运、车辆、公安等人员按照职责分工分别对列车上部设备、设施进行检查，发现问题各自填入"三乘检查记录"并通知车辆人员处置，涉及行车、人身安全的及时采取临时处置措施。列车终到前，已经修复的在"三乘检查记录"上标记并由"三乘"签字确认后，交车辆乘务员。

**3. 安全设备、设施**

各车厢灭火器、紧急制动阀、人力制动机、紧急破窗锤、灭火毯、防毒面具、应急手电筒、扩音器等安全设备、设施配齐配全，作用良好，定位放置。乘务人员知位置、知性能、会使用。

（1）各车厢紧急制动阀有包封，印有"危险勿动"警示标志；紧急制动阀手柄施封良好，压力表指示正常。

（2）人力制动机施封良好，制动、缓解方向指示标志清晰，无遮挡。

（3）灭火器安放牢固，便于取用，不搭挂物品；检修不过期，压力符合规定，标牌齐全清晰，施封完好。

（4）紧急破窗锤标注"消防专用"标志，安放牢固，便于取用。

（5）餐车厨房按规定配备灭火毯，定位存放，保持干燥。

（6）行李车、邮政车和发电车按规定配备有效防烟毒面具，包装完好，配件齐全，会使用。

（7）封闭式洗脸间、厕所防护栏安装牢固，防护栏栏杆之间及栏杆与窗框之间间隙不大于 150 mm。25 型客车下拉上开式车窗开启范围在 100～150 mm（非空调列车适用）。

**4. 电器设备**

正确使用电器设备，安全用电。电器元件安装牢固，接线及插座无松动，紧急断电按钮护盖施封良好，按钮开关、指示灯作用良好；不乱接电源和增加电器设备，不超过允许负载。配电室（箱）人离锁闭，门锁良好，配电箱、控制箱内及上部不得放置物品。

空调列车可燃物品不得贴靠电采暖装置,不用水冲刷地板、墙板、电器设备及带有电伴热塞拉门乘降梯。非空调列车不用水冲刷地板、墙板、电器设备。

**5. 执行车门管理制度**

(1) 车门管理做到停开、动关、锁,出站台检查瞭望值乘区域车门。

车站开车铃声结束、旅客乘降完毕后上车放下脚踏板,在车门口值守做好关门准备(塞拉门应关闭车门),车动关闭车门;进站提前到岗,确认站台,试开车门(塞拉门除外),停稳开门,卡牢翻板,无旅客从背面车门下车。试开车门时开启车门缝隙不超过 10 cm,确认车门状态良好后立即关闭。始发站、终到站客流较大时双开车门组织乘降,一人值乘多个车厢时,由车站负责值守增开的车门。

(2) 列车运行中,载客车厢连接端门不锁闭,特殊情况需要锁闭时,应有工作人员监管,需要时能随时打开。车门及餐车厨房边门、走廊边门、厨房后门锁闭;行李车、发电车、邮政车端门锁闭,但与车厢连接端门锁闭后可用列车通用钥匙打开。到站前、开车后疏通通道。列车站停期间,卧车端门按照值乘范围锁闭相应车厢端门。

(3) 列车首节车辆前部、尾节车辆后部设有外端门、防护栏和"禁止通行、当心坠落"标志,外端门运行中锁闭。餐车后厨边门窗户不是内翻可开启式的,边门外加装防护栏并加锁固定牢固。列车首尾载客车厢内端门运行中锁闭,在内端门设置"旅客止步"标志。

(4) 临时停车时做好宣传,加强巡视,确保车门锁闭,严禁旅客上下车,未经列车长统一组织不准开启车门。列车启动后四门检查瞭望。

(5) 停站立岗时,面向旅客放行方向立岗(高站台时不背对车厢连接处立岗),做好安全宣传,验票上车,重点帮扶,安全乘降。

(6) 高站台乘降作业时,站停时间超过 4 min 时,车门口与站台间使用安全踏板,组织乘降的车门与相邻车厢间空档处设置警示带。安全踏板制作轻巧牢固,安放平稳,定位放置。警示带印有反光材料制作的"请勿靠近、当心坠落"字样及当前、相邻车厢顺号,设置方式、位置统一。临时双开车门组织乘降时,增开的车门可不设置安全踏板和警示带。

(7) 安全标志和揭示揭挂设置齐全,有铁路旅客乘车安全、旅行须知;车门有"禁止携带危险品"标志,塞拉门(空调列车适用)还有"禁止倚靠"标志;客室相应位置有"禁止吸烟""请勿向窗外扔东西""当心烫伤""当心夹手""请勿触摸""禁止通行""旅客止步"等安全标志。设置位置合理,内容准确,规格统一,符合标准。

(8) 运行中做好安全宣传和防范,车内秩序、环境良好,无闲杂人员随车叫卖、捡拾、讨要。发现可能损坏车辆设施和影响安全、文明的行为及时制止。

(9) 车厢内禁止吸烟,加强禁烟宣传,发现禁烟区吸烟行为及时劝阻,并由公安机关依法查处。允许吸烟的处所有"吸烟处"标志和安全注意事项告知指示,配备烟灰盒。

(10) 行李架物品摆放平稳、牢固、整齐。大件行李妥善放置,不占用席(铺)位,不堵塞通道。锐器、易碎品、杆状物品及重物等放在座(铺)位下面。衣帽钩限挂衣帽、服饰等轻质物品。

(11) 发现旅客携带品可疑及无人认领的物品时,配备乘警(或列车安全员,下同)的列车通知乘警到场处理;未配备乘警的由列车长按规定处理,对危险品做好登记、保管及现场处置,并交前方停车站(公安部门)处理。

非空调列车不出售玻璃、陶瓷、金属等硬质包装(易拉罐除外)商品,有"禁止向车外抛物"的安全宣传。发现旅客自带硬质包装的食品、饮品,登记旅客的座位号、到站及硬质包装食品、饮品种类和数量，及时回收旅客废弃的硬质包装物，统一保管，随垃圾定点投放。

（12）发现行为、神情异常的旅客时，重点关注，配备乘警的列车通知乘警到场处理；未配备乘警的由列车长按规定处理，情形严重时交列车运行前方停车站处理。

（13）发生旅客伤病时，提供协助，通过广播寻求医护人员帮助；情形严重的，报告客调。

（14）在列车中部办理站车交接。

（15）乘务人员管理。

① 乘务人员进出车站和客技站时走指定通道，通过线路时走天桥、人行地道，走平交道时做到"一停、二看、三通过"，不横越线路，不钻爬车底，不跨越车钩，不与运行中的机车车辆抢行。进出车站时集体列队。

② 乘务人员在接班前充分休息，保持精力充沛，不在班前、班中、折返站饮酒。

### 6.2.2 设备、设施

**1. 车辆设备、设施管理**

车辆设备、设施齐全，符合运用客车出库质量标准。

（1）列车办公席、乘务员室、行李员办公室、广播室、备品柜、清洁柜、工具室（柜）、洗脸间、厕所及茶炉室（非空调列车适用）、锅炉室（非空调列车适用）等设施齐全，作用良好，正常使用，不挪作他用或改变用途。

（2）车辆外观整洁，内外部油漆无剥落、褪色、流坠；车内顶棚不漏水，内外墙板及车内地板无破损、无塌陷、不鼓泡；渡板及各部位压条、压板、螺栓不松动、无翘起；脚蹬安装牢固，无腐蚀破损；手把杆无破损、松动。各部位金属部件无锈蚀。

（3）各门、翻板及簧、锁、门止、碰头、卡销配件齐全，不松动，作用良好。车窗锁及窗帘盒滑道、窗帘杆、毛巾杆、挂钩齐全，作用良好。门窗玻璃无破损，密封条完整，不透气、透尘，不漏水，无脱落。车内各车门处有防挤手装置，配置齐全，作用良好。

（4）暖气片（罩、管）、座席、卧铺（及吊带）、扶手、梯子、行李架、梳妆台、面镜、茶桌、餐桌、抽屉、衣帽钩、毛巾杆（架）、镜框、书报架、温度计齐全良好，无松动。座席及卧铺面布无破损。包房号牌、座（铺）位号牌以及各室、柜、箱、开关等服务标牌齐全清晰。

（5）载客车厢通过台内端门框旁设儿童票标高线。儿童票标高线宽 10 mm、长 100 mm，距地板面分别为 1.2 m 和 1.5 m，以上缘为限，距内端门框 100 mm。

（6）电茶炉、采暖锅炉。

① 空调列车电茶炉安装牢固，炉体无变形、破损，管系各阀无漏水，排水管畅通、无堵塞，过滤器清洁，液位显示清晰。

② 非空调列车采暖锅炉、茶炉、餐车炉灶配件齐全，作用良好，定检不过期；温度表、水位表显示准确；管系各阀无漏水或结冻，排水管畅通；烟筒及防火隔热装置完整。煤箱盖安装牢固，无松动、脱落、变形。

（7）给、排水装置配件齐全，作用良好，不漏水。车厢水位表（液位仪）显示准确。配有加热装置（空调列车适用）的，加热装置作用良好，正常启用。盥洗设备齐全，作用良好，安装牢固，无裂损。

（8）厕所便器、卫生纸盒、冲水装置作用良好，便器（斗）冲水均匀，无外喷。集便式厕所配有垃圾箱（桶）（空调列车适用）。

（9）灯具、灯罩完整清洁，无松动、裂损、变形，灯带、卡子齐全；顶灯光色一致。各电气开关、电源插座齐全，作用良好，无烧损。餐车厨房排气扇配线不外露。空调列车电动水泵及电气化厨房电器作用良好。

（10）空调列车车载视频监控终端设施、设备作用良好，外观整洁，安装牢固，故障、破损、及时修复。

（11）空调设备。

空调列车空调设备各部配件齐全，作用良好，安装牢固，运转正常。

非空调列车夏季软卧、宿营车安装单元式空调，其他车厢有电风扇，配件齐全，作用良好，安装牢固，运转正常。

（12）广播系统作用良好，定检合格，音量控制器作用良好。

（13）餐车冰箱作用良好，有隔水板。厨房地面有沥水设施。

**2. 服务图形标志**

车内各种服务图形标志型号一致、位置统一，安装牢固，齐全醒目，符合规定。

**3. 车厢运行显示标志**

车厢有列车运行区间牌、内外顺号（牌）等标志，文字清晰、准确，无破损、卷边、褪色。电子显示屏（空调列车适用）作用良好，显示及时、准确。

**4. 垃圾箱**

每节车厢垃圾箱不少于一个，与垃圾袋配套使用。内嵌式垃圾箱正常启用，不封闭或挪作他用，内胆采用不锈钢材质，与垃圾箱体空间适应，与箱体内壁间隙不超过1 cm，箱体四壁封闭，垃圾投放进口有漏斗。外置式垃圾箱有盖，放置位置不占用通道或影响其他服务设施使用。

**5. 单双管客车混编（空调列车适用）**

单双管客车混编时，在全列制动机试验前，集便式厕所锁闭，开车后启用；当运行途中因列车管压力下降被迫停车时，按照车辆乘务员要求，将集便式厕所适当锁闭。

### 6.2.3 服务备品

**1. 服务备品要求**

服务备品、材料等符合国家环保规定，质量符合要求，色调与车内环境相协调。

**2. 服务备品使用**

服务备品齐全，干净整洁、定位摆放。布制、易耗备品备用充足，保证使用。布制备品按附录规定的时间使用和换洗、有启用时间（年、月）标志。

1）软卧车（含高级软卧车）

（1）使用遮光帘和纱帘。

（2）厕所配有大盘卷筒卫生纸，坐便器配有一次性坐便垫圈。

（3）洗脸间有洗手液（皂）、垃圾桶。

（4）走廊有地毯，边座有套。包房内有被套、被芯、枕套、枕芯、床单、垫毯、卧铺套、靠背套、茶几布、一次性拖鞋、衣架、不锈钢果皮盘、带盖垃圾桶、热水瓶；高级软卧车包房内还有面巾纸盒。

（5）乘务员室备有托盘、热水瓶（根据需要增配防倒架）和一次性硬质塑料水杯。

**2）软座车**

（1）使用遮光帘和纱帘。

（2）坐便器配有一次性坐便垫圈。

（3）有座席套、头靠套（头枕片）、果皮盘。

（4）乘务员室备有热水瓶（根据需要增配防倒架）。

**3）硬卧车**

（1）使用遮光帘。

（2）坐便器配有一次性坐便垫圈。

（3）有卧铺套（空调车适用）、被套、被芯、枕套、枕芯、床单、垫毯和边座套（空调车适用），每格有不锈钢果皮盘。

（4）乘务员室备有卫生纸、热水瓶（根据需要增配防倒架）。

**4）硬座车**

（1）使用遮光帘。

（2）每格有果皮盘。

（3）有座席套、头靠套（片）（空调车适用）。

（4）有保温桶并加锁（非空调车适用）。

（5）乘务员室备有热水瓶（根据需要增配防倒架）。

**5）餐车**

（1）有售货（饭）车、热水瓶、一次性水杯。

（2）使用遮光帘和纱帘。

（3）台面有台布，座椅有套。餐、茶、酒具等器皿规格统一，花色一致，齐全无破损。备有调味品容器、牙签盅、餐巾纸和清真炊具、餐具、托盘、席位牌。

**3. 贴身卧具**

贴身卧具（被套、床单、枕套）和头靠套干燥、清洁、平整、无污渍、无破损；已使用与未使用卧具的折叠整齐，分别装袋保管。卧具袋防水、耐磨、干净、无破损。贴身卧具与其他布质备品分类洗涤，洗涤、存储、装运及更换不落地、无污染。可使用独立包装的贴身卧具供途中、折返更换。

**4. 非贴身卧具备品**

卧车垫毯、被芯、枕芯等非贴身卧具备品干燥、清洁、无污渍、无破损，定期晾晒。被芯、枕芯先加装包裹套，再使用被套、枕套。包裹套半年清洗一次，保持干燥、整洁。

**5. 布制备品**

布制备品定位存放在备品柜内。无备品柜或备品柜容量不足的，硬卧车定位放置在4号、5号、18号、19号卧铺下，软卧车定位放置在3号、7号、11号卧铺下。

**6. 车内清扫工具**

车内清扫工具放置在清洁柜内，无清洁柜的定位隐蔽存放。有厕所专用清扫工具，定位存放厕所内或与车内清扫工具分开放置在清洁柜内，不侵占旅客使用空间。

**7. 安全踏板和警示带**

载客车厢配备安全踏板和警示带，定位存放。

**8. 垃圾袋**

垃圾箱（桶）内用垃圾袋，垃圾袋符合国家标准，印有使用单位标志，与垃圾箱（桶）

规格匹配，厚度不小于 0.025 mm。餐车厨房配备专用垃圾袋，厚度不小于 0.04 mm。

**9. 业务设备**

列车配有票剪、补票机、站车客运信息无线交互系统手持终端；乘务人员配置具备录音功能的手持电台及音视频记录仪。设备电量充足，作用良好。站车客运信息无线交互系统手持终端在始发前登录，途中及时更新信息。

### 6.2.4 整备

**1. 出库标准**

（1）车厢内外各部位整洁，窗明几净，四壁无尘，物见本色。
① 车外皮、车梯、翻板内外、窗门框及玻璃、扶手干净、无污渍。
② 天花板（顶棚）、板壁、边角、地板、连接处、灯罩、座椅（铺位）、暖气罩、空调口、通风口、电茶炉等部位清洁卫生，无尘无垢，缝隙无杂物。
③ 热水瓶、果皮盘、垃圾箱（桶）、洗脸间内外洁净。
④ 餐车橱、柜、箱干净无异味，分类标志清晰，餐料、商品、备品和餐、炊具等分类定位放置。
⑤ 厕所无积便、积垢、异味，地面干净无杂物，便器排污管及内边沿无积垢。集便式厕所污物箱内污物排尽（空调列车适用）。
（2）布制品、消耗品和清扫工具等服务备品配备齐全，定位放置，定型统一。
① 卧具叠放整齐，摆放统一，床单、头枕套、座席套、茶几布等铺设平整，干净整洁。窗帘、纱帘悬挂整齐，定型统一，美观大方，无脱扣。
② 洗手液、卫生纸、面巾纸（空调列车适用）、一次性坐便垫圈等服务备品补足配齐，定位放置。
③ 清扫工具、活动顺号、安全踏板、警示带等备品定位放置，不侵占旅客使用空间。
④ 办公席、乘务员室各种资料、备品定位摆放，干净整齐。
（3）定期进行"消、杀、灭"，蚊、蝇、蟑螂等病媒昆虫指数及鼠密度符合国家规定。

**2. 途中标准**

（1）各处所清扫及时，保持整洁卫生。
① 各处所地面墩扫及时，干燥、干净；台面、桌面、面镜擦抹及时，干净、无水渍；中途站擦扶手，低站台停车时擦翻板扶手。
② 洗脸（手）池、电茶炉沥水盘（空调列车适用）、餐车洗碗池清理、擦抹及时，无污渍，无残渣，无堵塞，无积水；果皮盘、垃圾箱（桶）清理及时，无残渣；厕所畅通无污物，无异味，集便式厕所按规定吸污。
③ 餐车餐桌、吧台（空调列车适用）、厨房地面和工作台以及各橱、箱、柜内保持洁净。厨房垃圾使用专用垃圾袋收纳，与列车其他垃圾分类管理。
（2）洗手液、卫生纸、面巾纸、一次性坐便垫圈等备品补充及时；卧具污染更换及时。
（3）垃圾装袋、封口、无渗漏，定位放置，在指定站定点投放；不向车外扫倒垃圾、抛扔杂物。

**3. 终到标准**

终到站时车内无垃圾，无污水，无粪便。垃圾装袋、封口、无渗漏，到站定点投放。

### 4. 到站立即折返标准

（1）车厢地面、通过台、连接处、行李架、扶手及座椅（铺位）、暖气罩、边角等部位干净整洁，通风口、电茶炉下、洗脸间下等隐蔽处所无积垢，无杂物。垃圾箱（桶）内无垃圾、无异味。

（2）果皮盘、热水瓶内外洁净；垃圾箱（桶）、洗脸间四周洁净。

（3）餐车橱、柜、箱干净无异味，分类标志清晰，餐料、商品、备品和餐、炊具等分类定位放置。

（4）洗脸间、厕所面镜洁净，洗脸（手）池、便器无污物、无异味。电茶炉沥水盘洁净（空调列车适用）。

（5）布制品、消耗品和清扫工具等服务备品配备齐全，定位放置，定型统一。

① 卧具叠放整齐，摆放统一，床单、头枕套、座席套、茶几布等铺设平整，干净整洁。窗帘、纱帘悬挂整齐，定型统一，美观大方，无脱扣。

② 洗手液（皂）、卫生纸、面巾纸、一次性坐便垫圈、垃圾袋等服务备品补足配齐，定位放置。

③ 清扫工具、活动顺号、安全踏板、警示带等备品定位放置，不侵占旅客使用空间。

④ 办公席、乘务员室各种资料、备品定位摆放，干净整齐。

## 6.2.5 文明服务

### 1. 仪容整洁，着装统一，整齐规范

（1）头发干净整齐、颜色自然，不理奇异发型、不剃光头。男性两侧鬓角不得超过耳垂底部，后部不长于衬衣领，不遮盖眉毛、耳朵，不烫发，不留胡须；女性发不过肩，刘海长不遮眉，短发不短于 7 cm。

（2）面部、双手保持清洁，身体外露部位无文身。指甲修剪整齐，长度不超过指尖 2 mm，不染彩色指甲。女性淡妆上岗，保持妆容美观，不浓妆艳抹。

（3）乘务组换装统一，衣扣拉链整齐。着裙装时，丝袜统一，无破损。系领带时，衬衣束在裙子或裤子内。外露的皮带为黑色。佩戴的外露饰物款式简洁，限手表一只、戒指一枚，女性还可佩戴发夹、发箍或头花及一副直径不超过 3 mm 的耳钉。不歪戴帽子，不挽袖子和卷裤脚，不敞胸露怀，不赤足穿鞋，不穿尖头鞋、拖鞋、露趾鞋，鞋的颜色为深色系，鞋跟高度不超过 3.5 cm，跟径不小于 3.5 cm。

（4）佩戴职务标志，胸章牌（长方形职务标志）戴于左胸口袋上方正中，下边沿距口袋 1 cm 处（无口袋的戴于相应位置），包含单位、姓名、职务、工号等内容。臂章佩戴在上衣左袖肩下四指处。按规定应佩戴制帽的工作人员，在执行职务时戴上制帽，帽徽在制帽折檐上方正中。除列车长外，其他客运乘务人员在车厢内作业时可不戴制帽。

（5）餐车工作人员作业时着工作服，戴工作帽（女性戴三角巾）和围裙。

### 2. 表情自然，态度和蔼，用语文明，举止得体，庄重大方

（1）使用普通话，表达准确，口齿清晰。服务语言表达规范、准确，使用"请、您好、谢谢、对不起、再见"等服务用语。对旅客、货主称呼恰当，统称为"旅客们""各位旅客""旅客朋友"，也可单独称为"先生、女士、小朋友、同志"等。

（2）旅客问讯时，面向旅客站立（列车办公席工作人员办理业务时除外），目视旅客，有问必答、回答准确，解释耐心。遇有失误时，向旅客表示歉意。对旅客的配合与支持，表示

感谢。

（3）坐立、行走姿态端正，步伐适中，轻重适宜。在旅客多的地方，先示意后通行；与旅客走对面时，要主动侧身面向旅客让行，不与旅客抢行。列队出（退）勤（乘）时，按规定线路行走，步伐一致，箱（包）在同一侧。

（4）立岗姿势规范，精神饱满。站立时，挺胸收腹，两肩平衡，身体自然挺直，双臂自然下垂，手指并拢贴于裤线上，脚跟靠拢，脚尖略向外张成 V 形。女性可双手四指并拢，交叉相握，右手叠放在左手之上，自然垂于腹前；左脚靠在右脚内侧，夹角为 45°成"丁"字形。

（5）列车进出站时，在车门口立岗，面向站台致注目礼，以列车进入站台开始，开出站台为止。办理交接时行举手礼，右手五指并拢平展，向内上方举手至帽檐右侧边沿，小臂形成 45°角。

（6）清理卫生时，清扫工具不触碰旅客及携带物品。挪动旅客物品时，征得旅客同意。需要踩踏座席、铺位时，戴鞋套或使用垫布。占用洗脸间洗漱时，礼让旅客。

（7）夜间作业、行走、交谈、开关门要轻。进包房先敲门，离开时，应倒退出包房。

（8）不高声喧哗、嬉笑打闹、勾肩搭背，定时定点用乘务餐，其他时段不在旅客面前吃食物、吸烟、剔牙齿和出现其他不文明、不礼貌的动作，不对旅客评头论足，接班前和工作中不食用异味食品。餐车对旅客供餐时，不在餐车逗留、闲谈、占用座席、陪客人就餐。

### 3. 温度适宜，环境舒适

（1）车内空气质量与温度。

① 空调列车。车厢内空气质量符合国家标准。发电车供电的空调客车须在列车始发前 60 min 供电并开启空调预冷预热，机车供电的空调客车须在列车始发前 60 min（特殊情况 40 min）完成机车连挂和供电，对车厢进行预冷或预热；空调温度调节适宜，体感舒适，原则上保持冬季 18～20 ℃，夏季 26～28 ℃。

② 非空调列车。车厢内空气质量符合国家标准。运行途中，车内温度冬季不低于 14 ℃；夏季超过 28 ℃时，使用电风扇。夏季启用单元式空调的车厢，始发前 1 h 对车厢进行预冷，空调温度调节适宜，体感舒适，原则上保持冬季 18～20 ℃，夏季 26～28 ℃。

（2）车内照明符合规定。夜间运行（22:00—07:00）时，硬卧车和软、硬座车照明开关置于半灯位，洗面灯开关置于开位；始发、终到站和客流量大的停站，以及列车途经地区与北京时间存在时差时自行调整。列车终到后供电时间不少于 30 min。

空调列车入库期间以及使用发电车或具备地面电源供电的折返停留列车供电时间不少于 4 h，停留不足 4 h 的不间断供电。

（3）广播视频。

① 广播常播内容录音化。使用普通话。经停少数民族自治地区车站的列车可根据需要增加当地通用的民族语言播音。过港列车可增加粤语播音。直通列车可增加英语播报客运作业信息。

② 广播语音清晰，音量适宜，用语准确，内容丰富，更新及时，形式多样，健康活泼，不干扰旅客正常休息。视频播放画面清晰，外放声音不得影响列车广播的正常播放，且音量不得高于 30 分贝。

③ 广播及集中控制的视频播放时间为 07:00—12:30、15:00—21:30。列车在 07:00 以前或 21:30 之后始发或终到的，或者根据季节、昼夜变化情况，可以提前或顺延 30～60 min，

其他时间只能播报应急广播。途经地区与北京时间存在时差时，可适当调整。

④ 广播内容以方便旅行生活为主。始发前，播放旅客引导、行李摆放提示、列车情况介绍以及禁止携带危险品、禁止吸烟等内容。运行中，播放列车设施设备、旅客安全须知、旅行常识、旅行生活知识、治安法制宣传、卫生健康、餐售经营等宣传及前方停站、到站信息预播报等内容，适当插播文艺娱乐、文明礼仪、地方概况、沿线风光、民俗风情、广告等节目。

⑤ 列车停站信息预、播报及时。执行"一站两报"，即开车后预告下一到站站名和时刻；到站前（不晚于到站前 10 min）再次通报。开车后、到站前硬座车厢乘务员双车（边）通报。

**4. 用水供应**

（1）供水作业要求。

① 空调列车。始发开车前电茶炉水开，清空热水瓶存水；开车后及时为热水瓶注水，途中为有需求的重点旅客供水。

② 非空调列车。列车编组按硬座车每三辆、卧铺车每四辆编挂不少于一辆茶炉车；热水瓶、保温桶始发开车前灌满开水，途中及时供水。

（2）车厢不间断供水。上水站到站前、开车后分别核记水位刻度，确认上水情况。

**5. 厕所管理**

列车渡海以及运行在市区、长大隧道、大桥和站停 3 min 及以上的停车站锁闭厕所；中途停车站提前 5 min、终到站提前 10 min 锁闭厕所。厕所锁闭时，为特殊情况急需使用厕所的旅客提供方便。

空调列车集便式厕所吸污时或未供电时锁闭厕所，其他时间不锁厕所。

**6. 电源插座管理**

公共区域的电源插座保证符合标示范围的旅行必需的小型电器正常使用。

空调列车在指定位置设置电源插板，供工作人员办公充电使用。

**7. 乘降组织**

在始发站根据车站通知、在中途站列车停稳后打开车门组织旅客乘降；开车铃响，面向列车，足踏安全线，铃止登车，做到行动迅速，作业统一。遇有高寒、高温、雨雪天气或在办理客运业务的中间站长时间停靠时，列车长与车站确认没有旅客乘降后，可统一组织乘务员提前上车，保留正对车站放行通道的车门开放，其余车门暂时关闭，乘务员在车门口立岗。

**8. 卧车管理**

除一站直达列车外，卧车及时为上车旅客更换卧铺牌，到站前 30 min 为旅客更换车票，及时提醒旅客做好下车准备，不干扰其他旅客。卧车贴身卧具一客一换，卧具终点站收取。夜间运行，卧车乘务员在边凳值岗，定时巡视车厢。始发后和进入夜间运行前，客运乘务人员对卧车核对铺位，对座车进行旅客去向登记。

**9. 列车剩余铺位管理**

列车剩余铺位在列车办公席或指定位置公开发售，公布手续费等收费标准。

**10. 遗失物品管理**

发现旅客遗失物品妥善保管，设法归还失主，无法归还时编制客运记录交站处理。无法判明旅客下车站时交列车终到站处理。

**11. 全面服务，重点照顾**

（1）全面做好基本服务。

① 各车厢公布中国铁路客户服务中心客户服务电话（区号+电话号码）、铁路 12306 手机客户端和微信公众号二维码。

② 实行首问首诉负责制。受理旅客咨询、求助、投诉，及时回应，热情处置，有问必答，回答准确；对旅客提出的问题不能解决时，指引到相应岗位，并做好耐心解释。

（2）保障重点旅客服务。

① 按规范设置无障碍厕所、座椅、专用座席等设施设备，作用良好。

② 对重点旅客做到"三知三有"（知座席、知到站、知困难，有登记、有服务、有交接），优先办理卧铺、安排座席；为有需求的特殊重点旅客联系到站提供担架、轮椅等辅助器具，及时办理站车交接。

（3）尊重民族习俗和宗教信仰。经停少数民族自治地区车站的列车可按规定在图形标志增加当地通用的民族语言文字，可根据需要增加当地通用的民族语言播音。

## 6.2.6 应急处置

### 1. 应急预案与培训

火灾爆炸、重大疫情、食物中毒、空调失效、设备故障和列车大面积晚点、停运、变更径路、变更车底等非正常情况下的应急处置预案健全有效，预案内容分工明确，流程清晰。日常组织培训，定期组织演练，培训、演练有记录、有结果、有考核。

### 2. 应急备品

配备照明灯、扩音器、口笛等应急物品，电量充足，性能良好。灾害多发季节增备易于保质的食品、饮用水和应急药品，单独存放。

### 3. 非正常情况处置

遇火灾爆炸、重大疫情、食物中毒、空调失效、设备故障和列车大面积晚点、停运、变更径路、变更车底等非正常情况时，及时启动应急预案，掌握车内旅客人数及到站情况，维持车内秩序，准确通报信息，做好咨询、解释、安抚、生活保障等善后工作。

（1）列车晚点 30 min 以上时，列车长根据调度、本段派班室（值班室）或车站的通报，向旅客公告列车晚点信息，说明晚点原因、预计晚点时间。广播每次间隔不超过 30 min，有条件的可利用电子显示屏实时显示。

（2）遇列车空调故障时，有条件时将旅客疏散到空调良好的车厢，必要时采取开窗通风措施。在站停车须组织旅客下车时，站车共同组织。按规定做好旅客到站退还票价差额时的站车交接。

（3）遇车底变更时，做好宣传解释，配合车站共同组织旅客换乘其他列车，或者按照车站通报的席位调整计划组织旅客调整席位，按规定做好站车交接。

（4）遇变更径路时，做好宣传解释，配合车站组织不同径路的旅客下车，按规定做好站车交接。

（5）发生人身伤害或突发疾病时，积极采取救助措施，按规定办理站车交接。必要时可请求在前方所在地有医疗条件的车站临时停车处理。

## 6.2.7 行包

（1）行李车办公室有遮光帘，有站名牌、货位示意图、隔离带（网）和"押运人员须知"；货仓有"严禁烟火"安全标志，地面有隔水板。

(2) 执行行包运输方案,装运行包监装监卸,车门点数,使用规定印章办理站车交接。

(3) 行李车货仓保持干净,留有安全通道,保证货物装卸和人员正常通行,货物堆码平稳、牢固、整齐,不堵塞车门,不超载、偏载、超限。贵重品、密件入柜加锁。

(4) 及时、正确填写台账资料,及时向前方站做好预报。

(5) 行李车内无违章运输物品,无闲杂人员,货仓拉门加明锁。对押运人员查验车票、押运证、身份证,告知注意事项并进行登记。

### 6.2.8 人员素质

(1) 入职人员需身体健康,五官端正,持有效健康证明。

(2) 新入职人员具备高中(职高、中专)及以上文化程度。软卧列车员能够使用简单英语。

(3) 持有效上岗证,经过岗前安全、技术业务培训合格。从事餐饮服务的人员有卫生知识培训合格证明。广播员有一定编写水平,经过广播业务、技术培训合格。列车乘务班组有经过红十字救护知识培训合格的人员。

(4) 列车长从事列车乘务工作满 2 年。列车值班员、列车行李员、广播员(含兼职)从事列车乘务工作满 1 年。

(5) 熟练使用本岗位相关设备、设施,熟知本岗位业务知识和职责,掌握担当列车沿途停站和时刻、沿线长大隧道、桥梁、渡海等线路概况,以及上水、吸污、垃圾投放等作业情况。熟悉本岗位相关应急处置流程,具备应对突发事件的能力。

### 6.2.9 基础管理

(1) 管理制度健全,有考核,有记载。定期分析安全和服务质量状况,有针对性整改措施。

(2) 按规定配置业务资料,内容修改及时、正确。

(3) 各工种在列车长的领导下,按岗位责任各负其责,相互协作,落实作业标准,有监督,有检查,有考核。

(4) 业务办理符合规定,票据、台账、报表填写规范、内容准确、完整清晰。配备保险柜,营运进款结算准确,票据、现金及时入柜加锁,到站按规定解款。

(5) 宿营车整齐有序,管理规范,乘务员休息铺位定位管理,有定位图,客运、公安、检车等乘务人员每两人轮流使用一个铺位(日勤人员除外),不在乘务人员休息区安排旅客。硬卧宿营车旅客与乘务人员休息区之间有挡帘,印有"旅客止步、请勿喧哗"标志。乘务人员铺位每格有挡帘。宿营车端门有"保持安静"标志。

(6) 客运乘务人员配备统一乘务箱(包),集中在宿营车定位摆放;洗漱用品、茶杯、衣帽鞋等定位摆放;无宿营车时,定位摆放。

(7) 库内保洁作业纳入客技站一体化作业管理。客技站有客运备品存放、人员间休和看车值班等场所,向列车提供上下水、照明、用电、上下卧具等作业条件。

(8) 定期开展职业技能培训,培训内容适应岗位要求,评判准确。

### 6.2.10 列车上的服务技能技巧

**1. 致迎宾词**

(1) 致迎宾词时,应两眼看着旅客,沉着自信,面带微笑,语言清晰,用词恰当,致辞规范。声音洪亮以确保绝大多数旅客都能听到为宜。迎宾词一般为："各位旅客，××列车由××站开出了，我们欢迎大家乘坐本次列车，并向旅客们问好！（致礼）您乘坐的这节车厢是××号车厢。我是本车厢的列车员，我的胸章号是××，我的对班号是××。我们将陪同您度过旅行生活。大家在旅行中有什么困难和要求，请提出来，我们将尽力帮助解决，为了广泛征求旅客们的意见，车厢两端挂有旅客意见簿，您看到我们的工作有哪些不足之处，请批评指正，以便我们改进工作，更好地为您服务。预祝大家旅行愉快，身体健康！"

（2）软席包房致辞声音不要太大，尽量做到甜美柔和。若有外国旅客，应用英语重复一遍。

### 2. 车厢整容

（1）旅客上车后，忙于寻找铺位和放置行李，应提醒旅客保管好车票以免丢失，放稳行李以免坠落伤人；对于送客的亲朋好友，应在开车前及时提醒他们下车；除直达特快列车外，对乘坐卧铺的旅客应主动提醒其更换卧铺牌。

（2）对乘车经验少的旅客、老幼病残旅客以及行李较多的旅客应主动引导，尽快帮他们找到铺位，把旅客安顿好，使车内秩序尽快稳定下来。

（3）整理行李架时，应主动向旅客解释，以争取旅客的配合，如"旅客们，为了给大家创造安全舒适的环境，现在开始整理车厢，请予合作，谢谢！"

### 3. 供应茶水

（1）有电茶炉的列车，要给旅客讲清楚茶炉的位置。对车厢里的老幼病残旅客，应坚持送水到位。

（2）列车送水应注意别烫伤了自己和旅客。提着水壶和水桶走过通道要走稳，并不时提醒旅客"劳驾，请让一下！"站立时，可朝着列车前进的方向，向车窗稍微侧身，两脚自然分开站稳。

（3）接旅客的杯子时，手要握着杯子的中下部。如果是带把的杯子，要让杯子把朝外，方便旅客接回杯子。倒完水后，应把杯子放回原位。

（4）倒水时，一手拿杯子，壶嘴贴近杯子，缓缓倒入，不能太满。如杯子里有存水，应征求旅客意见是否倒掉。不小心把水溅到旅客身上或物品上时，应马上帮旅客擦干净。

（5）给包房里的旅客送水时，要注意礼节，应先敲门，征得旅客同意后才能进去。

### 4. 清扫卫生

（1）清扫卫生前应首先宣传："旅客们，为了给大家创造良好的旅行环境，我开始打扫卫生，请大家给予协助，谢谢！"

（2）清扫时，动作要轻，需要旅客帮忙时要说："劳驾，请您抬一抬脚。""麻烦，挪一挪您的包行吗，免得弄脏。""打扰，请把茶杯拿一下，我给您清理一下茶几。"清扫后，把旅客物品或行李放回原处摆放好。

（3）清扫厕所，旅客正在使用时，不要门催喊，要耐心等待其使用完毕后再清扫。

（4）清扫工具碰到了旅客或物品时，要主动道歉，并想办法帮旅客擦干净。

（5）旅客对车厢状况不满意时，要及时清扫和整理，并主动说明原因："抱歉，今天超员打扫卫生不方便，请您谅解，我会尽力清扫干净。"

（6）清扫干净后，还要及时整理车厢两端的垃圾袋，装满以后及时收取换新；还要不断地收集茶几或果盘里的垃圾，清理软卧车厢里的垃圾桶；对团体旅客，可为他们专门准备一个垃圾袋和果盘。

（7）注意随时提醒旅客讲究卫生，见有人随地扔果皮、纸张，可轻声提醒他："请把杂物放在茶几上好吗？我马上过来清理。"见有人往地上倒茶水，应劝告他："请不要把茶水洒在地上，避免他人滑倒。"或不妨屈身帮他捡起乱扔的果皮、纸张，用拖布拖干净茶水。做到不厌其烦地随脏随扫。

## 任务 6.3　旅客列车餐车服务礼仪

**任务导读**

长途旅客列车一般在卧铺车与硬座车之间编挂有餐车。餐车分为餐厅、厨房和储藏室三部分。

**知识点**

### 6.3.1　动车组列车餐饮经营

（1）餐饮经营符合有关审批、安全规定，证照齐全有效。食品经营单位的食品安全管理制度健全。

（2）餐车销售的饮食品符合国家有关规定。销售的商品质价相符，明码标价，一货一签，提供发票。餐车明显位置、售货车、服务指南内有商品价目表和菜单，无只收费不服务行为的问题。

（3）餐车整洁美观，展示柜布置艺术，与就餐环境相协调；厨房保持清洁，各种用具定位摆放。商品、售货车等不堵通道，不占用旅客使用空间。售货车内外清洁，定位放置，有制动装置和防撞胶条。

（4）商品柜、冰箱、吧台、橱柜不随意放置私人物品（乘务员随乘携带的餐食等定位存放）餐食、商品在餐车储藏柜、冰箱内定位放置，不占用旅客使用空间。

（5）餐车配置的微波炉、电烤箱、咖啡机等厨房电器符合规定数量、规格和额定功率，保持洁净。

（6）经营行为规范，文明售货，不捆绑销售商品。非专职售货人员不从事商品销售等经营活动。餐车实行不间断营业，并提供订、送餐服务。销售人员不在车内高声叫卖、危险演示，销售过程中主动避让旅客。夜间运行时，不得进入卧车销售，座车可根据情况适当延长或提前销售时间，但不得超过 1 h。

（7）供应品种多样，有高、中、低不同价位的旅行饮食品。尊重外籍旅客和少数民族的饮食习惯。盒饭以冷链为主，热链为辅，常温链仅做应急备用，有清真餐食。

（8）餐饮品、商品有检验、签收制度，采购、包装、储存、加工、运输、销售符合食品卫生安全要求。

（9）不出售无生产单位、生产日期、保质期和过期、变质，以及口香糖、方便面等严重影响列车环境卫生的食品。超过保质期限的食品单独存放、回收销毁。

（10）一次性餐饮茶具符合国家卫生及环保要求。

## 6.3.2 普速旅客列车餐饮经营

**1. 餐车经营**

（1）经营证照齐全有效，经营项目、收费价格公开，无只收费不服务行为的问题；提供发票。

（2）储藏室（柜）、冰箱、吧台、橱柜等处所不随意放置私人物品。餐料、商品在餐车储藏柜、冰箱内等处所定位放置，不占用旅客使用空间。

（3）食品加工用具（刀、板、墩、盆、桶等）有生熟（或成品、半成品，下同）标记，并按标记使用。冰箱使用垫布、盖布，并分别按生熟标记、存放。

（4）厨房有防蝇、防尘、灭鼠措施。

（5）有符合要求的洗消设备和消毒药品，炊、餐、茶、酒具清洁、消毒合格。

（6）销售无包装直接食用的食品时有防蝇、防尘措施，加盖洁净、消毒合格的苫布（盖），不徒手接触食品。

（7）厨房前门悬挂印有"非工作人员禁止入内"字样的挡帘。除检查等工作必须外，非餐车工作人员不进入餐车厨房。餐车刀具和锅铲等可移动铁器定人管理，定位隐蔽存放，使用完毕后及时归位。

**2. 餐车炉灶、器具清理**

定期对餐车炉灶（台面）、器具进行油垢清理。餐车炉灶台面一餐一清；炉灶墙壁、抽油烟机、排烟罩和烟道的表面可见部位一趟一清。

**3. 厨房设备**

1）空调列车

电气化厨房设备在明显位置粘贴操作说明和安全操作规程，使用前确认电源控制柜技术状态良好，操作时按规定使用电磁炉、电炸炉、电烤箱、微波炉、电冰箱、蒸饭箱等电器设备，使用中有人监管，用后清洁，餐车离人断电。灶台上保持干燥、清洁，不放导磁体。不使用电磁炉油炸食品。不带电清洁和用水冲刷，不自行拆卸电气设备。

电气化餐车电炸锅内油面高于 1/4 油锅深度，最高油面高度不超过油位警告标志，油温设定值严禁超过 200 ℃。非电气化餐车按规定检查蒸饭锅炉水位（压）表、水温表、验水阀状况，不漏水，不缺水。煤箱盖安装牢固，无松动、脱落、变形。炉灰先用水浸灭后再装袋处置。终到因故甩下的餐车彻底排净锅炉内的积水。燃煤炉灶运行中油炸食物使用前进方向第一个炉灶，用油量不超过容器容积的 1/3。

2）非空调列车

蒸饭锅炉、取暖锅炉和茶炉水位（压）、水温符合规定，验水阀、水循环状况良好，不缺水，排烟系统完整、通畅。炉灰先用水浸灭晾凉后再装袋处置。采暖期内，处于点火状态的独立采暖锅炉入库停留时派人看火，终到因故甩下的客车彻底熄灭炉火、清理炉灰，排净水暖管系、温水箱和炉内的积水。停用时清除杂物，封闭炉室。燃煤炉灶运行中油炸食物使用前进方向第一个炉灶，用油量不超过容器容积的 1/3。

**4. 商品经营**

（1）销售的商品质价相符，明码标价，一货一签，提供发票。

（2）非专职售货人员不得从事商品销售等经营活动，专职售货人员不得超过 4 人（不含餐车）。

铁路运输服务礼仪

（3）经营行为规范，文明售货，不捆绑销售商品。销售人员不在车内高声叫卖、危险演示，销售过程中主动避让旅客。夜间运行时，不得进入卧车销售，座车可根据情况适当延长或提前销售时间，但不得超过 1 h。

（4）售货（饭）车美观整洁，四周有防撞胶带（条），制动装置作用良好，有经营单位审定的价目表。列车编组 14 辆以上时，售货（饭）车总数不超过 4 辆，不足 14 辆的不超过 3 辆。双层客车可使用规格统一、洁净、无害塑料筐（箱）代替售货车，总数不超过 4 个。一节车厢内经营的售货（饭）车不超过 1 辆，经营过程中人车不得分离。非经营期间，售货（饭）车定位制动存放。

（5）供应品种多样，有高、中、低不同价位的预包装饮用水、盒饭等旅行饮食品。尊重外籍旅客和少数民族的饮食习惯。

（6）商品柜、储藏室、蔬菜柜、吧台橱柜（陈列柜）加锁，不放置私人物品；商品、餐料定位放置，不占用通道和旅客使用空间。

（7）餐料、商品有检验、签收制度，采购、保管、加工、运输、销售符合食品卫生安全要求。

（8）空调列车不出售无生产单位、生产日期、保质期和过期、变质以及口香糖等严重影响列车环境卫生的食品。

非空调列车不出售无生产单位、生产日期、保质期和过期、变质的商品以及口香糖和玻璃、瓷器等硬质包装的严重影响列车环境卫生、运输安全的食品和商品。

（9）一次性餐饮茶具符合国家卫生及环保要求。

## 拓展阅读

### 餐车的位置

1. 普通快速列车：这种列车一般是以 K、T、Z 开头的列车，只有长途列车才有餐车，一般有 16 节车厢，8 号车厢是餐车，一端连着软卧，一端连着硬卧，再往后就是硬座，餐车也是软座席位，短途的普通快车，一般是没有餐车的。

2. 单列 8 节车厢的动车组列车，型号为 CR400AF 和 CR400BF 动车组，餐车是 5 号车厢，也就是中间位置。

3. 型号为 CRH2E 的双列 16 节车厢的动车组列车，餐车是 9 号车厢，即列车的中间位置。

4. 型号 CRH1E-（1073-1075）、（1229-1233）、（1061-1072）的动车组列车有两个餐车，一个是 9 号车厢，另一个是 16 号车厢。

## 思政园地

50 年前，在 30 万筑路大军的卓绝努力下，连接川滇两省的钢铁大动脉——成昆铁路通车。在四川境内，它穿越茫茫大凉山，将曾经闭塞的土地与外界连通，沿线诞生了许多"火车拉来的城镇"。成昆铁路沿线上，有许多铁道兵墓园。50 年来，他们注视着铁路和列车，阿西阿呷也在列车上注视着他们。"我常常在想，只有把列车值乘好，才对得起他们拼过的命。" 45 岁的阿西阿呷是 5633/5634 次列车列车长，在普雄与攀枝花间穿梭了

项目6 列车乘务服务礼仪

20多个年头。慢悠悠的火车,如同一座流动的村庄。阿西阿呷说着地道的彝语,深谙民族习惯和禁忌,俨然是这座"村庄"里的"村长"。她已记不清在列车上调解过多少次乘客之间的纠纷,当过多少次翻译,帮过多少忙。慢悠悠的火车,成了大凉山崇山峻岭间的"和谐号"。

她是脱贫攻坚的践行者,值乘的"慢火车"途经国家级贫困县集中地区,开行近半个世纪,已经成为沿线老百姓的"致富车"。她是民族团结的宣讲员,组织同事学习彝语,宣传党的政策,掌握民族风俗禁忌,解答各种疑惑。她是老乡出行的贴心人,20多年没有更换的手机号码成了彝族老乡的求助热线,只要接到电话,她定会伸出援手。

## 任务训练

### 1. 任务内容及要求

任务内容:模拟餐车工作环境,对旅客提供相应服务。
任务要求:严格执行餐饮经营相关规定。

### 2. 任务评价

| 序号 | 考核内容 | 权重/% | 考核评价 | | | |
|---|---|---|---|---|---|---|
| | | | 个人评价 | 小组评价 | 教师评价 | 得分 |
| 1 | 动车组列车餐饮经营规定 | 20 | | | | |
| 2 | 空调列车餐车操作规定 | 20 | | | | |
| 3 | 非空调列车餐车操作规定 | 20 | | | | |
| 4 | 普速旅客列车商品经营规定 | 20 | | | | |
| 5 | 小组合作完成情况 | 20 | | | | |
| | 项目得分统计 | | | | | |

## 项目 7
# 铁路货运客户接待服务礼仪

### 📍 知识目标
1. 掌握货运客户服务礼仪原则及服务要点。
2. 掌握客户询问服务礼仪和接待服务礼仪。
3. 掌握客户投诉接待服务技巧。

### 📍 能力目标
1. 能够对客户做好询问和引导工作。
2. 能够对客户做好接待服务工作。
3. 能够处理好客户投诉接待服务工作。

### 🚩 思政目标
1. 培养学生具有耐心、爱心、善心。
2. 培养学生良好的职业素养,为客户提供优质服务。

### 🚩 引导案例

#### 遇事不慌

一天上午,某公司前台接待秘书小王匆匆走进办公室,像往常一样进行上班前的准备工作。她先打开窗户,接着,打开饮水机开关,然后,翻看昨天的工作日志。这时,一位事前有约的客人要求会见广告部李经理,小王一看时间,他提前了 30 min 到达。小王立刻通报了广告部李经理,李经理说正在接待一位重要的客人,请对方稍等。小王就如实转告客人说:"李经理正在接待一位重要的客人,请您等一会儿。"话音未落,电话铃响了,小王用手指了指旁边的沙发,没顾上对客人说什么,就赶快接电话去了。客人尴尬地坐下。待小王打完电话后,发现客人已经离开了办公室。

导入问题:
1. 小王在接待客户时有哪些礼仪细节?
2. 小王在接待客户时有什么不妥之处吗?

项目 7　铁路货运客户接待服务礼仪

# 任务 7.1　客户服务礼仪

## 任务导读

对现代铁路货运（物流）客户，需要增强服务意识，全面提升服务水平，形成服务竞争优势，建设独具特色的客户服务文化，变被动服务为主动服务，变随意服务为用心服务，变机械服务为艺术服务，提高客户满意度、忠诚度，创立服务品牌。

## 知识点

### 7.1.1　客户服务礼仪原则

**1. 对客户表示热情、尊重和关注**

"顾客是上帝"，对于服务工作来说更是如此，你只有做到充分尊重客户和客户的每一项需求，并以热情的工作态度去关注你的客户，客户才有可能对你的服务感到满意，你才能在竞争中处于有利的位置。

**2. 帮助客户解决问题**

客户能找到你，接受你的服务，他最根本的目的就是要你帮助他妥善地解决问题。

**3. 迅速响应客户的需求**

金牌服务的一个重要环节就是能迅速地响应客户的需求，对于服务工作来说，当你的客户对你表达了他的需求后，你应在第一时间对他的需求做出迅速回应。

**4. 始终以客户为中心**

对于服务人员来说，你在为客户提供服务的过程中，是否始终都以你的客户为中心，是否始终关注他的心情、需求，是非常重要的。

"始终以客户为中心"不能只是一句口号或是贴在墙上的服务宗旨。始终以客户为中心应是一种具体的实际行动和带给客户的一种感受，如快速地为客户倒上一杯水，真诚地向客户表示歉意，主动地帮助客户解决问题，在客户生日时主动寄上一张贺卡或打电话问候，在客户等候时为客户准备报刊杂志以消磨时间等。

**5. 持续提供优质服务**

对于一个人来说，做一件好事很容易，难的是做一辈子的好事。对于企业来说也是如此，你可以为你客户提供一次优质的服务，甚至一年的优质服务，难的是能为你的客户提供长期的、始终如一的高品质服务。但如果你真的做到了这一点，你必然会发现，企业会逐渐形成自己的品牌。如果那样，企业在同行业的竞争中就能取得相当大的优势。

当然这种能力是在整个金牌服务过程中最难获得的一种能力，也是每一家想有所作为的企业都应竭尽全力培养的一种能力。

**6. 设身处地地为客户着想**

设身处地地为客户着想是把"以客户为中心"作为工作的准则，能经常换位思考是非常重要的，设身处地地为客户着想就意味着你能站在客户的角度去思考问题，理解客户的观点，知道客户最想要的和最不想要的是什么，只有这样，才能为客户提供优质服务。

### 7. 提供个性化的服务

每个人都希望能获得与众不同的"优待"，如果你能让你的客户得到与众不同的服务和格外的尊重，这会使你的工作能更顺利地开展。个性化的服务包括对于客户提出的一些特殊的要求，你依然能及时地去满足。

## 7.1.2 客户服务礼仪要点

### 1. 热情周到，彬彬有礼

客户服务礼仪首先要求热情周到，为客户分忧解难，说话温和、委婉，态度诚恳。

### 2. 了解客户的期望

通过客户满意度调查、面谈等，真实了解你的客户目前最需要的是什么，他们认为最有价值的是什么，再想想他们是否能从你提供的服务中得到这些。

### 3. 制定并实现高服务标准

不要拘泥于基本和可预见的水平，而要向客户提供其渴望的甚至是令其意外惊喜的服务，给予超出"正常需要"的更多的选择，客户会注意到这样的服务。

### 4. 承担个人责任

在很多单位里，人们容易很快地指责别人在工作中出现的问题或困难。经理责怪下属，下属责怪经理，这于事无补。责怪自己也没有用，无论你犯了多少错误，明天总有改正的机会。建设性地改变局面的最可靠的方式是承担个人责任，使事情向好的方面转化。

### 5. 从客户的角度看问题

与有形的产品不同的是，无形的服务对于客户来说更多的是一种感受，优质服务的概念在不同阶段会有不同的理解，虽然它是不断变化的，但是对于服务提供商来说就是要抓住客户需求，不断创新自己的服务产品，从而赢得客户的青睐。

# 任务 7.2　前台接待服务礼仪

**任务导读**

在铁路货运服务中也有客户接待方面的工作。接待来访客户的礼仪表现，不仅关系接待人员自身的形象，还关系到铁路企业的形象。所以，客户接待服务礼仪历来都受到重视。

**知识点**

## 7.2.1 前台服务人员工作要求

铁路物流业的前台服务人员主要是为客户提供咨询服务或者办理货物收发手续，是直接面对客户的工作岗位。

项目 7　铁路货运客户接待服务礼仪

因此，前台服务人员也是客户了解企业最初的窗口，其言行举止与综合素质，往往是公司形象直观的写照。因此前台接待工作看似微不足道，实则十分重要。前台服务人员周到细致的服务可以给客户留下良好的印象，下次继续选择本企业的服务。据调查资料显示，如果客户觉得服务人员热情周到、精心细腻，服务水平较高，留下了较好的印象后，通常会向 2～3 人称赞该企业；相反，如果客户受到了不好的服务后，平均会向 11 人倾诉。因此如果客户遇到了一次不好的服务，给企业带来的负面效应是呈指数级增长的。

为了能够做好工作，对前台服务人员通常在以下方面有一定的要求。

**1. 性格**

与人和善、热情好客、善于交际、乐于助人。前台服务人员的工作性质就是与人打交道，需要工作人员有良好的沟通能力。

**2. 修养**

受过良好的礼仪训练，谈吐优雅、举止文明、殷勤有礼、尊重他人，善于控制自己的情绪。尤其是受到客户的误解后，能够控制自己，不与客户发生冲突。

**3. 责任心**

准时上下班，对待他人与对待工作均有高度的责任感，言而有信，言行一致。

**4. 思路**

前台服务工作，事情繁杂，不仅要解答客户的各种询问，还要接待企业的来访客人，因此应考虑问题全面、处理工作有条不紊。

**5. 准确性**

为客户提供准确无误的服务，避免发生差错。

**6. 忠诚**

与领导和同事相处的过程中，坦诚相待。

**7. 理解力**

善解人意，能迅速、正确地领会客户的意思，处理问题通情达理。

**8. 机智**

应变能力强，有较强的口头表达能力，耐心又有幽默感，言谈举止注意场合，有分寸。

**9. 事业心**

热爱本职工作，勤奋好学，有进取心。

作为前台服务人员，在满足了以上要求后，还应了解前台服务人员的相关礼仪。

## 7.2.2　前台服务人员仪态要求

进入岗位前，应整理服装，并保持整洁。如需工作证，应佩戴规范，卡式工作证一般端正佩戴于左胸前，挂式工作证也应端正地挂于胸前。

服务过程中的仪态要求，主要体现在眼神和手势上。

**1. 眼神**

前台服务人员在接受客户询问之前，首先就会与客户有目光上的交流。恰当的眼神交流是给客户留下良好印象的第一个机会。

眼神，是对眼睛的总体活动的一种统称。眼睛是人类的心灵之窗。在人类的五种感觉器官中，眼睛最为敏感。对自己而言，它能够最明显、最自然、最准确地展示自身的心理活动。对他人而言，与其交往所得信息的 87% 来自视觉，而来自听觉的信息则仅为 10% 左右。

铁路运输服务礼仪

作为服务人员，与客户目光交流时，应保持正确的面部仪态，平视客户，平等地与客户交流，严禁目光斜视，会给客户盛气凌人的感觉。每次目光接触的时间不要超过 3 s。交流过程中用 60%~70% 的时间与对方进行目光交流是最适宜的。少于 60%，则说明对对方的话题、谈话内容不感兴趣；多于 70%，则表示对对方本人的兴趣要大于他所说的话。

**2. 手势**

在服务过程中，通过手势可以表达介绍、引领、请、再见等多种含义。在运用中，要注意手势的大小幅度。手势的上界一般不超过对方的视线，下界不低于自己的腰所在的水平线，左右摆动的范围不要太宽，应在人的胸前或右方进行。一般场合中，手势动作幅度不宜过大，次数不宜过多，不宜重复。总之，手势宜少不宜多。多余的手势，会给人留下装腔作势、缺乏涵养的感觉。多用柔和曲线手势，少用生硬的直线条手势以求拉近双方的心理距离。

在服务过程中，应注意避免以下动作，避免运用不良手势。

（1）谈到自己的时候，不要用手指自己的鼻尖，而应用手掌按在自己的胸口。

（2）谈到别人的时候，不要用手指着别人，更忌讳背后对人指指点点等很不礼貌的手势。

（3）接待客户的时候，避免抓头发、玩饰物、掏鼻孔、剔牙齿、抬腕看表等手势动作。

（4）禁止用命令式的语气对客户说："你坐那儿！"这是对客户的不尊重。同样，查点人数的时候，如果用食指指向客户来操作："一，二，三……"这是对其他人的极端不尊重的表现。这个动作完全可以用整只右手手掌来处理，即拇指弯曲，其他四指伸直并拢，指向对方。

（5）在服务过程中不能双手抱头。很多人喜欢用单手或双手抱在脑后，这一体态的本意是放松。在给客户服务的时候这么做的话，就给人一种目中无人的感觉。

（6）要避免摆弄手指。反复摆弄自己的手指，要么活动关节，要么打响指，或是手指动来动去，也是一种不文明的表现。

（7）不允许把一只手或双手插放在自己的口袋里。这种表现会使客户觉得你在工作上不尽力，忙里偷闲。

### 7.2.3 询问服务礼仪

**1. 询问服务礼仪规范**

（1）看见客户来到服务台，服务人员应面带微笑，主动用礼貌用语热情问候客户，并且轻轻点头；如果是已经认识的客户，称呼可以显得比较亲切，表示出热情友好和愿意提供服务的态度。如果服务人员正在处理其他事物，如打字等，应立即停止。即使是在打电话也要对客户点头示意，请客户稍等。挂断电话后，对让客户等待表示歉意。

（2）回答客户询问时应耐心、细致、周到、详尽。业务上的事，应尽量做到详尽准确，这也体现了服务人员的业务素质，决不能模棱两可，简单了事。

（3）当被问到不了解的情况时，应向对方表示歉意，并且帮助客户找其他工作人员解答，决不可敷衍应付或信口开河。

**2. 服务过程中的用语要求**

在服务过程中，需要和客户进行交谈，对此有一定的礼仪要求。

1）发音标准

说普通话是服务人员都必须遵守的一条规则。除面对听不懂普通话的客户外，都要使用普通话，还要咬字清晰、发音准确，要注意一声、二声、三声、四声（即阴平、阳平、上声、去声）的区别。

## 项目 7　铁路货运客户接待服务礼仪

### 2）音量适度

服务人员在和客户进行口头交流的时候，音量应控制在客户能听清楚为宜，过高过强往往会使自己的服务态度显得生硬、粗暴，而且还有可能会让客户有震耳欲聋的不舒适感。音量过低过弱，则又会使自己显得有气无力，会有沉闷的感觉，甚至还会让客户产生被怠慢的感觉。而附耳低语，又会给人太过亲近或轻浮的感觉。适度的音量，往往表现得婉转、平稳，让人倍感亲切。

### 3）语速适中

对于正常人的思考和接受能力来说，说话的语速一般每分钟 120 个字左右就可以了。过快或过慢都会让客户听起来觉得费力。过快的语速会给人性情急躁、不耐烦的感觉，拖腔拉调会给人有气无力、矫揉造作的印象。

### 4）语气正确，注意用语

语气也就是说话时候的口气。语气一般表现为陈述、疑问、祈使、感叹、否定等不同的形式。语气是交谈者感情的流露，不同语气往往被认为有不同的言外之意。所以这就要求服务人员在工作岗位上表现出的语气只能是热情、亲切、和蔼和耐心，并且注意用语。绝对不可以在工作岗位上流露出急躁、生硬和轻慢。

急躁是指在和客户说话的时候显得焦急、暴躁、激动或者不耐烦，如"快点""问够了没有""快下班了"等。

生硬是指在说话的时候，显得勉强、生冷、僵硬、不柔和，如"着什么急""等着""费话""别乱动""不清楚""不知道""自己问其他部门去"等。

轻慢是指说话的时候，显得歧视、怠慢、轻狂，如"听说过没有""看好要求再说"等。

## 7.2.4　接待服务礼仪

有时，客户需要与其他部门的工作人员交流，这时前台服务人员需要做好引导工作。

**1. 前台引导工作**

（1）客户要找的负责人不在时，要明确告诉对方负责人到何处去了，以及何时回本单位。请客户留下电话、地址，明确是由客户再次来单位，还是我方负责人到对方单位去。

（2）客户到来时，我方负责人由于种种原因不能马上接见时，要向客户说明等待理由与等待时间，若客户愿意等待，应该向客户提供饮料、杂志，如果可能，应该时常为客户换饮料。

（3）前台服务人员带领客户到达目的地，应该有正确的引导方法和引导姿势。

**2. 引导方法和引导姿势**

（1）在走廊的引导方法。服务人员走在客户两三步之前，配合步调，让客户走在内侧。

（2）在楼梯的引导方法。当引导客户上楼时，应该让客户走在前面，服务人员走在后面；当下楼时，应该由服务人员走在前面，客户走在后面。上下楼梯时，服务人员应该注意客户的安全。

（3）在电梯的引导方法。引导客户乘坐电梯时，服务人员先进入电梯，等客户进入后关闭电梯门，到达时，服务人员按"开"的按钮让客户先走出电梯。

（4）在客厅的引导方法。当客户走入客厅时，服务人员用手指示，请客户坐下，看到客户坐下后，才能行点头礼后离开。如果客户错坐下座，应请客户改坐上座（一般靠近门的一方为下座）。

铁路运输服务礼仪

## 任务 7.3　投诉接待服务礼仪

### 任务导读

铁路运输企业作为服务性企业,自然也不可避免地会收到乘客、货主的投诉。正确认识、妥善处理投诉是良好的企业形象和一流企业管理水平的体现。因此,作为直接服务于乘客、货主的投诉接待服务人员,尤其需要掌握投诉处理的相关知识,处理好投诉业务,提高铁路运输服务质量,切实维护铁路运输服务的良好声誉。

### 知识点

#### 7.3.1　正确认识投诉

**1. 乘客投诉的原因**

乘客的投诉都是有原因的。要想提高服务满意度,就必须找到引起乘客不满的原因。通常情况下,乘客投诉的原因大致可归纳为以下两类。

1)企业的服务原因

(1)服务人员态度不佳,对乘客不尊重或是以貌取人,服务态度敷衍,引起投诉。

(2)遇到问题相关负责人不出面解决,没有相应的配套方案,服务人员解决问题的业务能力不足,造成乘客极度不满,引起投诉。

(3)服务人员不规范作业或是工作效率太低,乘客无法忍受引起投诉。

(4)设备、设施故障影响乘客出行,不能提供有效服务。

(5)列车延误,影响乘客计划行程。

(6)座位或班次有限,乘客无法买到车票。

(7)乘客的利益遭受损失。

2)乘客自身的原因

(1)不同的乘客对服务的要求标准各不相同。由于语言、环境、风俗习惯等客观条件的影响,服务很难做到尽善尽美。此外,服务质量与服务态度的好坏,还受到乘客的气质、性格、情绪等因素的影响。对同样的服务,乘客的心理感受也具有差异性。

(2)乘客对有关政策不了解或误解引起投诉。

**2. 货主投诉**

货运(物流)公司没有按照与货主签订的协议向货主提供应有的服务,或在服务过程中多次出现差错,就会产生服务缺陷。服务缺陷会导致货主的投诉,他们会提出赔偿要求。如果出现严重服务缺陷,货主(客户)可能会提出解除同货运(物流)公司的协议,向有关主管部门或新闻媒体投诉,这样就会给货运(物流)公司造成不良的社会影响和一定程度的经济损失。

货主投诉是指货主认为自身的利益受到损害或人身受到伤害,向投诉管理机关提出正式

项目 7 铁路货运客户接待服务礼仪

（书面）投诉或向货运（物流）公司提出口头投诉。对此，投诉处理人员一定要遵守服务规范，耐心而认真地听取货主意见，并及时加以纠正或寻求解决的措施。

## 7.3.2 投诉受理流程

**1. 冷静受理投诉**

如果在公共场合，客户情绪激动，首先要使其平静下来并将其带离公共场合，避免影响其他人员，造成不良影响。

**2. 倾听抱怨**

一般来说，客户投诉多数是发泄性的，客户情绪不稳定，此时如果服务工作人员随意插话、进行反驳，发生争执，只会火上浇油，适得其反，使处理难度加大。因此，在客户表达心中的不满、抱怨时，我们要认真倾听，避免与其发生争辩，对其表示理解和同情，这样才能赢得客户的信任，并在倾听中发现服务中实质性的问题。

**3. 认真记录分析**

在倾听时，必须认真了解事情的每个细节，将客户所说的内容记录下来以便于分析投诉理由是否充分，投诉要求是否合理。同时，及时记录便于安抚客户激动的情绪，取得客户的信任。有助于解决问题，使整个局面受到控制。

**4. 提出解决方案**

如果投诉成立，应立刻道歉，提出解决办法，尽可能提供多种选择，共同协商，最终确定解决方案。如果投诉并不成立，应以委婉的方式答复客户，取得客户理解。如果投诉属于误会，应向客户解释清楚。如果问题一时解决不了，应留下客户的姓名、联系电话等信息。

**5. 快速解决问题**

当客户对解决办法做出选择后就开始付诸行动，并保证整个行动顺利进行。遇到任何未能预知的延误应尽快通知客户。工作人员应妥善解决客户的问题，而不是敷衍了事，令客户更加不满，将投诉升级。

**6. 做好跟踪总结**

对投诉处理结果应进行跟踪、关注。确定客户的问题得到解决，然后主动联系客户，了解其对处理结果的意见等。当投诉处理完毕后，应对事件进行深入分析和探讨，找出问题，总结经验教训并写出报告。

## 7.3.3 投诉接待服务技巧

**1. 处理投诉要及时**

发生投诉时，要在第一时间处理，争取将客户的损失与不利影响降至最低，切忌拖延、漠视、疏忽大意，将小事发展得不可收拾。

**2. 了解客户投诉心理**

客户向公司投诉一些问题，说明客户对我们还是信任的，应该感谢他们并积极、妥善地处理投诉，求得投诉者谅解。不要因为投诉而对其疏远、对立，因为这样只能让投诉者更气愤，情绪更加不满。

**3. 耐心沟通，用心倾听**

当客户的投诉与事实有出入或其投诉没有根据时，投诉处理人员不要断然否定，疏远投

129

诉者，要耐心解释，讲清道理，给予正确的引导。即使投诉不成立，也不能挖苦、讽刺投诉者。

**4. 真诚道歉**

当客户投诉时，无论是否是工作人员的原因，都要诚心向客户道歉，并对货主提出的问题表示感谢。尤其是在工作确实有过失的情况下，更应该马上道歉，如："对不起，给您添麻烦了。"这样可以让客户感觉自己受到重视。

### 拓展阅读

#### 客户投诉心态

客户投诉的心态有三种：求发泄；求补偿；求尊重。客户投诉是指客户出于对企业产品质量或服务上的不满意，而提出的书面或口头上的异议、抗议、索赔和要求解决问题等行为。客户投诉一般有三种心理：一种心理是"求发泄"。就是把不满情绪发泄出来，甚至有时说的话并不完全针对店家，他会故意说给他的同伴听，我们只需要用心听他说，客户发泄完后也许就好了，我们在表达理解及歉意的同时，站在客户的立场上为其设计解决方案。第二种心理是"求补偿"。这是很多投诉客户的常规心理，希望在投诉中，给予客户一定物质或精神上的补偿，来安抚顾客。第三种心理就是"求尊重"。每一位客户都希望得到店方的尊重，作为服务人员要专心倾听，对客户表示理解，并做好记录。待客户叙述完后，复述其主要内容并征询客户意见，对于较小的投诉，自己能解决的应马上答复客户。对于当时无法解决的，要做出时间承诺。在处理过程中无论进展如何，到承诺的时间一定要给客户答复，直至问题得到解决。

### 思政园地

#### 铁路货运工作任务及法规依据

**1. 货运工作的基本任务**

（1）按计划组织运输。

（2）严守货运法规，正确划责，确保安全。

（3）采用新设备、新技术、提高运输效率。

（4）加强管理，推行作业标准化，提高作业质量与效率。

（5）正确分析处理货物损失。

（6）对职工进行思想、道德、业务教育。

**2. 货运岗位名称及工作**

（1）货运员：在铁路车站从事货物运输承运、保管、装车、卸车、交付作业的人员。

（2）货运计划员：从事铁路车站货物运输合同订立及货物运输计划管理的人员。

（3）货运检查员：对铁路运输过程中的货物（车）进行交接检查的人员。

（4）货运核算员：从事铁路货物运输费用计算；运输收入票据的请领、验收、保管、使用、交接、缴销；运输收入进款的核收、保管、存汇、结账、报账的人员。

（5）货运调度员：从事铁路车站货物装卸车组织和车辆拨配等作业的人员。

（6）货运安全员：从事铁路货物损失处理的人员。

（7）货运值班员：从事铁路车站货物运输受理，承运保管，装车卸车交付和事故处理等作业的组织、指挥人员。

**3. 货运工作的法规依据**

1）货运合同的法律依据

（1）《中华人民共和国民法典》（简称《民法典》）；
（2）《中华人民共和国铁路法》（简称《铁路法》）。

2）《铁路货物运输规程》

《铁路货物运输规程》（简称《货规》）是货物运输的基本规章。它是根据国家有关方针、政策和法令，以《民法典》《铁路法》为依据而制定的。

《货规》由原铁道部颁布，在全国范围内实行。它具体规定了铁路货物运输的基本条件，货物运输合同，货物的搬入搬出，货物的承运交付、装车卸车，货运事故的处理赔偿，承托双方责任的划分。

它是组织铁路货物运输最为直接的依据，承运人、托运人和收货人都必须遵照执行。

3）铁路内部货运管理规则与办法

（1）《铁路货物运输管理规则》（简称《管规》）；
（2）《铁路货物损失处理规则（试行）》。

4）其他法规依据

（1）国际联运规章；
（2）水陆联运规章；
（3）军运规章；
（4）铁路客货运输专刊；
（5）铁路局（集团公司）对国铁集团规章的补充规定；
（6）其他相关法律法规。

## 任务训练

**1. 任务内容及要求**

任务内容：铁路货运客户接待服务演练。

任务要求：根据以下情景进行小组演练。

情景：某日，天气炎热，客户张先生急匆匆跑到货运中心办理业务，工作人员小王热情地接待了张先生，因办理业务的客户较多需要等待，小王为张先生准备了茶水。过了一会儿轮到张先生办理时，工作人员小李忙着和其他人聊天，说要休息一下，暂停办理业务。这引起了张先生的不满，大发雷霆，与工作人员发生争吵……

请小组成员进行情景演练，结合客户接待服务礼仪及投诉处理的方式来解决问题。

铁路运输服务礼仪

## 2. 任务评价

| 序号 | 考核内容 | 权重/% | 考核评价 | | | 得分 |
|---|---|---|---|---|---|---|
| | | | 个人评价 | 小组评价 | 教师评价 | |
| 1 | 服务礼仪规范 | 20 | | | | |
| 2 | 接待服务标准 | 20 | | | | |
| 3 | 语言沟通处理正确 | 20 | | | | |
| 4 | 处理投诉的技巧 | 20 | | | | |
| 5 | 小组合作完成情况 | 20 | | | | |
| | 项目得分统计 | | | | | |

# 项目 8
# 铁路货运交往礼仪

### 🔵 知识目标
1. 了解铁路货运交往中的拜访礼仪和合同洽谈礼仪。
2. 理解铁路货运交往礼仪的功能和作用。

### 🔵 能力目标
1. 能根据拜访礼仪和合同洽谈礼仪中的要点要求，恰当地进行铁路货运服务的相关工作。
2. 培养学生应用铁路货运礼仪的实践能力，提升专业素质。

### 🚩 思政目标
将专业知识与学生的责任和爱国情怀相结合，以案例为依托，以知识为背景，培养学生的爱国情怀和高尚的职业情操。

### 🚩 引导案例

#### 到手的订单飞了

某钢材公司需要运送一批钢管，运输费用多达数十万元。据说公司总经理决定采用铁路运输方式进行运送。铁路货运服务负责人打电话，要上门拜访这位总经理。总经理本打算等人来了，就在订单上签字盖章，签订货物运输合同。不料这位铁路货运服务负责人比约定的时间提前了两个小时到场，原因是对方听说这家钢材公司近期生产的钢丝也需要运送，希望早些来说服总经理一起签下订单。

可总经理并没有接到提前到场的通知，刚好手边有事，便请秘书让来人等一会儿，可这位负责人等了不到半小时就开始不耐烦了，一边起身一边说："我还是改天再来拜访吧。"说完便转身离开了。就是这一行为，让总经理改变了想法，这位负责人不仅没有签下钢丝运送的订单，连之前运送钢管的订单也告吹了。

**导入问题：**
1. 这位铁路货运服务负责人为何失去订单？
2. 你认为在进行业务拜访时应注意什么？

铁路运输服务礼仪

## 任务 8.1　拜访礼仪

**任务导读**

拜访又叫拜会，指的是前往他人的工作单位或住所去会晤、探望对方，进行接触与沟通。铁路货运拜访是铁路营销工作的一个重要环节，市场调查、品牌推广、客户维护等环节都离不开拜访，成功的拜访能够帮助建立和增进与客户之间的感情，有利于开辟和维护铁路货运业务市场。通常按拜访的地点不同，拜访可分为居室拜访、工作场所拜访和其他场所拜访。地点不同，拜访礼仪要求也不尽相同。本任务主要讲述工作场所的业务拜访礼仪。

**知识点**

### 8.1.1　拜访前的要点

**1. 选择合适的拜访时间**

进行业务拜访的时间尽量不要安排在客户业务繁忙的时间，以免给对方带来不便。

拜访客户较适宜的时间包括：一是客户业务不繁忙的时间，避免选择刚上班的时间、午休或下班前去拜访，尤其不要在下班前去拜访客户，客户可能因为要处理下班后的私事而无法耐心进行业务沟通。二是客户工作告一段落的时间，这是拜访的最佳时段，因为此时客户较为放松，能够坐下来进行良好的沟通。

**2. 有约在先**

拜访的第一步是与对方约定拜访时间。约定强调的是拜访应依约前往，不能贸然登门。在约定拜访时间时，应首要考虑客户的时间，要在客户方便的时间安排拜访，这样能充分体现出对客户的尊重，也能给其留下良好的印象。另外，在进行约定时还应该告知客户此次拜访将要商谈的事项，并将拜访同行的人数、姓名以及职位提前告知，以便对方合理安排接待等事项。

**3. 准备拜访物品**

在拜访前应当准备好相关的文件资料、名片及必要书写用品，以避免在出发前手忙脚乱、丢三落四，此外，还可以将电子版资料备份好，以备不时之需。拜访前还可以为客户准备一些合适的小礼物以体现出诚意，赢得客户的好感，促进接下来的交谈。

**4. 确认拜访**

正式拜访的前一天应打电话进行再次确认，尤其是在预约时间距离拜访时间比较久的情况下，这样可以避免对方因为业务繁忙而忘记与你约会的情况，也可让对方对你留下细致有礼的好印象，使自己处于主动地位。

**5. 修饰仪表**

为了表达对客户的敬意和自己对拜访的重视，整洁干净的仪表是不容忽视的。仪表分为衣着和仪容仪态两部分。

项目8 铁路货运交往礼仪

1）衣着

大方得体的衣着可以表现出良好的精神风貌。在正式商务活动等场合时穿着正装，以得体合宜的外在形象和稳重谦逊的内在涵养来彰显自我品位，给人以良好印象。

西装是最重要的衣着，它典雅，富有魅力，被广泛应用于社交、宴请、会议等各种场合。深色的西服套装应搭配黑色皮鞋，衬衫颜色应挑选浅色系以提升拜访人员的精神状态，领带应挑选与西装相同色系的颜色，使全身色彩协调一致，给人以视觉上的舒适感。

女性职业装以套装为主。套装的最佳颜色是黑色、藏青色、灰褐色、灰色以及暗红色。女士穿着裙装时应搭配连裤袜，颜色以肉色、黑色最为常见，同时搭配皮鞋。搭配的衬衫颜色与套装相匹配即可。

2）仪容仪态

拜访前应做好个人卫生清洁工作，以自信稳重的仪态动作、亲切和善的面部表情、专注热忱的眼神交流、生动幽默的话语特色塑造内外合一的良好形象，令客户好感油然而生。

## 8.1.2 拜访时的要点

**1. 如约而至**

拜访者应该按照双方约定的时间上门拜访，若因特殊情况导致拜访不能进行，则应尽早向客户致歉并说明原因，取得谅解，以免打乱客户的安排。拜访时切记不要迟到，这是商务活动中最为失礼的行为，会给对方留下"连事先约定的时间都不能遵守，不足为信"的印象。如确实有紧急的事情无法按时拜访时，要及早联系拜访对象，说明原因并争取其谅解，尽量不要用诸如堵车、生病、家里有事等理由。

另外，拜访时不要过早到达，这会造成因客户没有做好准备或还忙于其他事情而尴尬。在进入拜访地点之前，要做好以下自我检查工作：第一，重新确认所带资料、用品是否齐备。第二，确认资料摆放的顺序在出示时是否方便取出。

**2. 进门守礼**

若是初次拜访，应首先向接待人员进行自我介绍或向接待人员递名片，如提前已约定好此次拜访行程，则应提及双方约会之事，让接待者明白来意。

见到客户时应热情问好，若房内有其他人员，也应礼貌寒暄或点头致意。

拜访时未请入座前不要随便入座，客户请坐后，要按指定的位置入座。如果客户请你随意入座，要注意尽量不要坐他人的办公座位，以免影响他人正常办公。当客户递茶时，要起身双手迎接并热情致谢。

打招呼和谈话时嗓门不要太大，以免影响他人。当对方站立说话时，你也应该站立起来说话，以示尊重，站的时候不要倚靠在别人的办公桌上。

要做到"非礼勿听、非礼勿视、非礼勿动"。除非客户安排，不要随意参观。未经允许不要随意翻阅客户的资料，这种行为会令客户对你产生厌恶的情绪，不要触动客户的任何东西，包括电子用品，尤其是电脑，因为电脑中可能会存有机密性资料，你的触动还可能将其中的档案和程序弄乱。

**3. 适时请辞**

注意信号，适时告辞。半小时是常规时限，有些由于一些突发事件，或因交谈中出现意料之外的障碍，客户频繁出现看表、更换坐姿等下意识举动，此时应主动提出告辞，给客户留下善解人意而非难辞之客的良好印象。告辞时，要真心诚意地感谢客户的接待，切忌使用过于夸张的语言动作。如果告辞时有其他客人在场,也要和他们一一告别。

出门后请客户留步,不必远送。握手道别时,可说"拜托了""谢谢了""麻烦了""留步""再见"等礼貌用语。如有意邀请客户回访,可在与客户告别握手时提出邀请。

### 8.1.3 拜访后的要点

好的结束和好的开始同样重要,拜访过后的一封感谢信有利于给对方留下好印象,为将来的合作打下良好基础。拜访后可通过电话、邮件等形式向客户表示感谢,并表明希望有机会再次见面商谈。

## 任务 8.2 合同洽谈礼仪

### 任务导读

合同洽谈是指为了维护或争取自身利益的各方一起进行面对面的沟通、协商,以求进行合作、达成交易、拟定协议、签署合同。商务洽谈是一种利益之争,既要讲谋略,又要讲礼仪。若只讲谋略而不讲礼仪,一味地寸步不让、寸土必争,不懂尊重、不懂妥协,不但不会促成当次洽谈的成功,反而会弄僵洽谈各方的关系,带来日后交往、合作的困难。礼仪在商务洽谈中具有举足轻重的作用,往往直接关系到能否通过洽谈来赢得商务合作。

合同洽谈礼仪主要体现在合同洽谈的礼仪性准备和礼仪性原则两个方面。

### 知识点

### 8.2.1 合同洽谈的礼仪性准备

**1. 友好协商洽谈的地点、时间**

洽谈时每一方都希望自己作为东道主以获得一定的优势,但从礼仪的角度来讲,各方应该通过友好协商,确定洽谈的地点和时间。若作为东道主,确保要做好迎送、款待、照顾等工作,使对方有宾至如归的感觉,在洽谈开始之前,就能赢得对方的好感,获得理解、尊重和信赖。若是客座洽谈,那么应做到客随主便,尊重对方的文化、风俗习惯,为洽谈的顺利展开打下坚实的基础。

**2. 妥善选择和布置洽谈会议场所**

洽谈时一定要避免选择声音嘈杂、容易被外人打扰的会议场所,同时注意会议场所的光线、声响、温度、色彩、装饰等要有利于洽谈的顺利进行。应根据参与洽谈人员的实际情况安排洽谈会议场所的座位次序,无论参与洽谈的是双方还是多方,会议的桌椅大小都应当与房间和洽谈的级别相互适应。应按照各方各自团体中的地位高低顺序排定座次。通常面对门口的座位被认为是最有权威、最具影响力的,而背朝门口的座位一般被认为具有从属感,安排座位时应多加注意。若在洽谈中想重点突出主要领导和出席人员,则可在座位上摆放座签。

### 3. 注重个人形象

#### 1）仪表规范

仪表方面，主要体现在着装和配饰上面。

着装要庄重、规范，要注意服饰的细节，以表明对对方的尊重。衣着不得体、不整洁，会给人以不重视或慌乱、粗心的印象。男士应穿着熨烫平整、贴身合体的西装，搭配黑色皮鞋和深色袜子。有必要带公文包的场合，最好选择真皮、黑色或棕色的公文包。洽谈时切忌穿牛仔裤、无领夹克衫、T恤，配旅游鞋或凉鞋。女士应穿着职业套装，配肉色长筒或连裤式丝袜和黑色高跟或半高跟皮鞋。根据个人爱好，可以佩戴高雅素洁的首饰。切忌穿紧身装、透视装、低胸装、露背装、超短装、牛仔装、运动装或休闲装，尤其是不要从头到脚、全身上下戴满各式首饰。

#### 2）珍惜企业信誉

现代企业经营的第一要则是"信誉至上"。企业信誉不单是企业文明经商、职业道德的反映，也是企业经营管理、工艺设备、技术水平、人力智力等企业素质的综合反映。

洽谈时应时刻提醒自己代表的是企业的精神风貌，注意自己的仪容仪表，言谈举止，做到给对方留下良好的印象。

#### 3）遵约守时

洽谈时失约和超时都是很不礼貌的行为。承诺别人的事情不能遗忘，必须讲信用。

## 8.2.2 合同洽谈的礼仪性原则

进行合同洽谈时应以礼待人、尊重别人、理解别人，坚持正确的合同洽谈的礼仪性原则，才能使洽谈顺利进行并取得满意的结果，为将来的合作打下坚实的基础。

### 1. 坚持平等协商、对等谈判的原则

在洽谈中，要求洽谈各方在地位、权益、责任上要一律对等，各方发表意见的机会、受重视程度、否决权利都应一致平等。坚持有关各方在合理、合法的情况下进行友好会谈、平等协商，通过以理评理、以理服人的方式，赢得对方认同，达成某种程度的共识或一致。如果有关各方在谈判中的地位不平等，就很难达成让各方心悦诚服的协议。

### 2. 坚持人事分开、尊重对方的原则

洽谈是一个讨价还价的艰苦过程，大家对己方既定的目标都义不容辞、志在必得。然而，在洽谈激烈交锋的过程中，一定要做到对"事"严肃，对"人"友好，人事分开的原则。对"事"要据理力争，对"人"则应礼敬有加。在任何时候，都可以不同意对方的意见，甚至可以提出相反的观点。但绝不能有不尊重对方权利的不礼貌言行。在对方陈述时，要全神贯注、认真严肃地倾听，不能有心不在焉的表现，不打断对方的谈话，要尽量让对方把话讲完。己方发言时，要尽量使用礼貌用语，不能使用攻击对方的字眼，特别是不能采用贬低对方个人水平、提及个人生理不足及隐私、带有谩骂威胁的语言。

### 3. 坚持自信从容、谦虚大度的原则

洽谈时既要有胸有成竹、乐观自信、稳如泰山的从容大气，更需要有海纳百川、有容乃大、壁立千仞、无欲则刚的谦虚大度。从容大气能给对方以信任感，使自己保持规范的礼仪和严肃的形象；谦虚大度不仅能使自己保持绅士风度，而且能赢得对方的尊重和配合。只有从容的人才能笃定与坚持，也只有谦虚的人才懂得礼仪的重要。

### 4. 坚持求同存异、互惠互利的原则

在洽谈时，矛盾和冲突是经常出现的。求同存异、相互妥协是达成共识和协议的一把金钥匙。既然是洽谈，是讨价还价的利益之争，就不能是死板的"一口价"，各方应该在确保己方底线的前提下，关照对方合理的、核心的诉求，通过各方的相互让步去争取达成大家都能够接受的、互惠互利的协议。现代的商业社会中，最理想的洽谈结果是既要讲竞争，更要讲合作，尽量做到既利己又利人的双赢多赢局面。洽谈的计谋很重要，洽谈的礼仪也不可或缺，它们互为表里、不可分割，共同决定着洽谈活动的成功。洽谈礼仪是做好洽谈工作的必备宝典。

**拓展阅读**

接待时应注意的礼仪要点

**1. 接待前的礼仪要点**

1）了解客人的基本情况

接到来客通知时，应先了解来访客人的单位、姓名、性别、民族、职业、级别以及人数等基本信息。其次要询问客人的来访意图，了解来访的目的和要求以及其他日程安排。最后要了解客人来访的日期、所乘车次、航班和到达时间，然后将上述情况及时向主管人员汇报，并通知有关部门和人员做好接待的各项准备工作。

2）确定迎送规格

接待时依据身份对等原则安排接待人员。对较重要的来访客人，应安排身份相当、专业对口的人士出面迎送，另外也可根据特殊需要或关系程度，安排比客人身份高的人士破格接待。对于一般客人，可由公关部门派出懂礼仪、言谈流利的人员接待。接待人员要品貌端正，举止大方，口齿清楚，具有一定的专业素养，受过专门的礼仪、形体、语言、服饰等方面的训练。接待人员的服饰要整洁、端庄、得体、高雅。

3）布置接待环境

良好的环境是对来宾的尊重与礼貌的表示。接待室的环境应该明亮安静、整洁、幽雅，配置沙发、茶几、衣架等。接待时可在室内适当点缀一些绿植和字画，以增加雅致的气氛，也可放置本单位的宣传资料，以供来访客人翻阅。

**2. 接待时的礼仪要点**

（1）接待人员一般应起身握手相迎来访者，来访者是上级、长者或客户时应起身上前迎候，但对于同事及员工除第一次见面外，可不起身。

（2）若在办公室接待，在交谈时应注意少说多听，最好不要隔着办公桌对话。对来访者反映的问题，要认真倾听，必要时应做简短的记录。

不能让来访者坐冷板凳。如果自己有事暂不能接待来访者，应安排其他人员进行接待，不能冷落了来访者。

（3）对来访者的意见和观点不要轻率表态，应思考后再作答复。对一时不能作答的，要约定一个时间再联系。

（4）正在接待来访者时，有电话打来或有新的来访者，应尽量让他人接待，以避免中断正在进行的接待。

（5）如果要结束接待，可以婉言提出借口，如"对不起，我要参加一个会，今天先谈到这儿，好吗？"等，也可用起身的体态语言告诉对方就此结束谈话。

项目8 铁路货运交往礼仪

## 思政园地

**铁路货运电子商务平台升级上线　24 h网上办理货运业务**

中国铁路95306网站（www.95306.cn）铁路货运电子商务平台整体升级后正式启用，实现24 h网上办理货运业务，全力为客户提供更加高效便捷的全方位货运服务。这是铁路货运服务改革取得的重大突破，也是铁路部门为群众办实事的具体行动。继铁路客运推行电子客票实现旅客"一证通行"便利服务之后，铁路货运办理业务也实现全流程网上办理。

铁路货运电子商务平台整体升级后，将提供一系列新功能新服务，实现"让信息多跑路、企业货主少跑腿"，极大提升铁路货运便利化程度，为客户带来更好的服务体验。一是网上注册自助化。扩大电子营业执照应用范围，在线验证企业信息，实现网上全自助注册，客户无需到营业厅提供纸质证明材料。二是全面应用电子签名。向客户免费提供数字证书，客户使用数字证书进行电子签名，运货无需提供传统的盖章纸质运单，收货无需提供纸质领货凭证。三是精准追踪货物位置。整合铁路各类信息系统数据，建立全国统一的货车在途轨迹数据库，实现货物追踪和预测到达等功能，客户可合理安排取货和开展生产经营。四是拓展电子支付功能。在POS机刷卡、预付款等既有支付方式的基础上，拓展了网银支付功能，客户能够在线完成运输费用电子支付。五是实现移动端操作。铁路95306 App同步上线，通过铁路95306 App和微信公众号，客户可随时随地网上办理货运业务，足不出户即可完成铁路发货、收货手续。

铁路货运电子商务平台的整体升级，立足于建立全新的铁路货运一体化构架体系和统一的货运数据处理中心，实现了系统集中部署、数据统一管理、用户统一服务管理，内部作业管理更加透明规范，有利于提高作业效率、统一服务标准、提高服务质量。

铁路部门为这次铁路货运电子商务平台整体升级做了精心准备和周密组织，并在部分铁路局集团公司开展了试点应用，得到客户积极响应和广泛好评。铁路部门将密切跟踪系统运行情况，广泛听取企业和货主意见建议，持续优化完善服务功能，强化信息安全管控，确保系统平稳运行，实行7×24 h在线服务，保障客户可通过95306客服电话、App和微信公众号办理和咨询相关业务。

## 任务训练

**1. 任务内容及要求**

任务内容：铁路货运拜访礼仪训练。

任务要求：要求学生以小组为单位，分角色扮演铁路货运拜访工作人员和客户，模拟进行铁路货运业务拜访，练习拜访礼仪应注意的要点。

## 2. 任务评价

| 序号 | 考核内容 | 权重/% | 考核评价 | | | |
|---|---|---|---|---|---|---|
| | | | 个人评价 | 小组评价 | 教师评价 | 得分 |
| 1 | 礼貌用语 | 20 | | | | |
| 2 | 仪容仪表 | 20 | | | | |
| 3 | 拜访时的礼仪表现（包括拜访前礼仪20分、拜访时礼仪20分、拜访后礼仪10分） | 50 | | | | |
| 4 | 小组合作整体完成情况 | 10 | | | | |
| | 项目得分统计 | | | | | |

# 附录 A

## 铁路旅客运输服务质量
## 第 1 部分：总则

### 1 范围

GB/T 25341 的本部分规定了铁路旅客运输服务的基本要求、服务管理、服务合同、服务过程、服务沟通、服务评价与改进的总体内容。

本部分适用于提供铁路旅客运输服务的组织和人员。随旅客列车运输的包裹有关要求可参照本部分的规定。

### 2 规范性引用文件

下列文件对于本文件的应用是必不可少的。凡是注日期的引用文件，仅注日期的版本适用于本文件。凡是不注日期的引用文件，其最新版本（包括所有的修改单）适用于本文件。

GB/T 13317—2010　铁路旅客运输词汇

GB/T 25341.2　铁路旅客运输服务质量　第 2 部分：服务过程

### 3 术语和定义

GB/T 13317—2010 界定的以及下列术语和定义适用于本文件。为了便于使用，以下重复列出了 GB/T 13317—2010 中的某些术语和定义。

#### 3.1

**重点旅客　passenger who needs care**

老、幼、病、残、孕旅客。

［GB/T 13317—2010，定义 2.1.1］

#### 3.2

**铁路旅客运输合同　railway passenger transport contract**

明确铁路运输企业与旅客之间权利义务关系的协议。

注：包括车票、行李票。

#### 3.3

**铁路旅客运输服务质量　quality of railway passenger transport service**

铁路旅客运输服务工作完成的优劣程度。

［GB/T 13317—2010，定义 4.11］

铁路运输服务礼仪

**3.4**

**铁路旅客车站** railway passenger station

办理铁路客运业务,为铁路旅客提供乘降功能的场所。

注1:一般由车站广场、站房和站场组成。

注2:改写 GB/T 13317—2010,定义 2.5。

**3.5**

**旅客列车** Passenger train

运送旅客的列车。

注:改写 GB/T 13317—2010,定义 2.4。

**3.6**

**铁路客户服务** railway customer service

铁路运输企业通过语音、互联网、人工等方式,为客户提供的业务咨询、信息查询、业务办理、投诉受理、求助响应等服务。

注:改写 GB/T 13317—2010,定义 4.7。

## 4 基本要求

### 4.1 安全

**4.1.1** 铁路运输企业应建立旅客运输安全管理制度,明确安全责任,非正常情况下的应急处置预案完善,具备妥善应对各类安全问题的能力,为旅客生命财产安全提供保障。

**4.1.2** 铁路运输企业应按照国家规定设置安全设施设备,作用良好,配备相应安全人员并进行安全知识技能培训,培训合格率应为100%。

### 4.2 正点

**4.2.1** 铁路运输企业应公开旅客列车(以下简称列车)到发时刻,列车到发正点率宜不低于95%。

**4.2.2** 铁路运输企业应制定列车晚点运行应对方案,根据实际情况提供相应补救服务。

### 4.3 可及

**4.3.1** 铁路运输企业开行列车应符合:

    a) 办理客运业务的铁路旅客车站(以下简称车站)有列车经停;

    b) 地级市主要车站在 06:00—24:00 间有列车经停;

    c) 省会城市主要车站有始发列车。

**4.3.2** 车站运营时间应覆盖列车经停时间,方便旅客购票乘车。

**4.3.3** 车站应与城市公共交通合理衔接,车站主要出入口与城市公共交通站点换乘距离宜不大于 300 m,满足旅客集散需求。

### 4.4 便捷

**4.4.1** 铁路运输企业应及时提供真实、准确、完整、有效的服务信息,公开服务承诺。

**4.4.2** 铁路运输企业应及时响应旅客服务需求,为重点旅客提供相应帮扶。

**4.4.3** 车站应规模合理、功能完备、流线顺畅。车站宜设站内便捷换乘通道,为旅客提供便捷的旅行环境。

### 4.5 舒适

**4.5.1** 铁路运输企业应为旅客提供使用方便、数量适宜、功能良好的服务设施设备,同类服务设施设备完好率不低于 98%。

4.5.2 铁路运输企业应为旅客提供空气质量合格、文明有序、温度适宜、明亮清洁的旅行环境。

4.5.3 铁路运输企业应提供文明、友好、适度的服务，并应提供方便、快捷、畅通的客户服务。

### 4.6 绿色

4.6.1 铁路运输企业应在旅客服务场所开展节能环保宣传，在服务过程中应重视资源的节约、再利用和再循环，考虑可持续性发展的要求。

4.6.2 铁路运输企业宜使用节能环保的服务设施设备和可循环利用的服务用品，若使用一次性服务用品，应选择可降解的一次性服务用品。

4.6.3 铁路运输企业应控制服务过程中排污和固体废弃物总量，并采取垃圾分类处理措施。

## 5 服务管理

### 5.1 服务组织

铁路运输企业应符合：
a) 具有合法合规的经营资质；
b) 经营行为符合国家相关规定，保护旅客合法权益，保护当事人个人信息；
c) 有完备的服务管理制度；
d) 有满足车站、列车服务作业需求的人员；
e) 提供人员培训，包括员工岗前培训、安全生产培训、重点时期培训等；
f) 制定实现服务质量承诺和目标的主要措施。

### 5.2 服务人员

服务人员应符合：
a) 具备与岗位相适应的资质；
b) 掌握本岗位业务知识，执行规章、制度、作业标准；
c) 上岗穿着工作装，仪容整洁，佩戴职务标志，礼仪规范，使用普通话；
d) 遵守职业道德、岗位纪律，态度友好耐心，行为用语文明；
e) 熟练操作本岗位设施设备，掌握本岗位必要的应急疏散和应急救护技能，具备应对突发事件能力。

## 6 服务合同

### 6.1 一般要求

6.1.1 铁路运输企业制订的运输服务合同文字表述应简洁易懂。

6.1.2 铁路运输企业采用的格式条款中涉及旅客权利和义务的内容应提示告知。

6.1.3 铁路运输企业应以适当的方式或载体提供乘车凭证。

### 6.2 车票

6.2.1 车票应载明：
a) 发站和到站站名；
b) 席别、席位号；
c) 票价；

d) 车次；
e) 乘车日期；
f) 开车时间；
g) 有效期。

**6.2.2** 车票宜载明：
a) 检票口；
b) 旅客姓名及有效身份证件号码；
c) 客户服务联系方式；
d) 发售站；
e) 旅客乘车须知。

**6.2.3** 车票可载明：
a) 车票改签、挂失补办信息；
b) 车票支付渠道标记；
c) 特殊种类车票；
d) 铁路运输企业需要注明的其他信息。

**6.2.4** 纸质车票载明的 6.2.1、6.2.2、6.2.3 中的内容不应被其他信息遮挡。

## 6.3 行李票

行李票的内容应包括：
a) 行李票号；
b) 发站和到站；
c) 托运人/收货人的姓名、地址、联系电话、邮政编码，托运人车票票号、有效身份证件信息；
d) 包装、件数、重量；
e) 费用；
f) 声明价格；
g) 承运日期、运到期限、承运站站名及经办人员姓名。

# 7 服务过程

铁路旅客运输服务过程应符合 GB/T 25341.2 的规定。

# 8 服务沟通

## 8.1 服务信息

**8.1.1** 铁路运输企业应根据现场条件，在显著位置选择设置服务台、信息牌、显示屏、图形符号，宜配合网站、广播、移动通信信息媒介等多种手段，为旅客提供静态、动态信息服务。

**8.1.2** 铁路运输企业提供服务信息的内容和形式应规范清晰、更新及时，宜符合 GB/T 34417。

**8.1.3** 铁路运输企业应为旅客提供以下信息：
a) 安全信息，包括安全检查、禁止或限制携带物品信息、安全标志、设施设备使用安全注意事项等；
b) 价格信息，包括车票价格、行李运输价格、商品及服务价格等；
c) 票务信息，包括实名制购票信息、购票渠道、售票窗口营业时间、余票信息及车票

改签、补票、退票流程和所需凭证信息等;
- d) 进站信息,包括营业时间、车票实名制查验、旅客接送站、行李托运提取流程等;
- e) 检票信息,包括候车区域、检票口位置及检票开始、停止时间等;
- f) 列车运行信息,包括列车时刻、正晚点信息以及列车加开或停运信息等;
- g) 出站信息,包括出站补票位置、补票费用规则、换乘衔接信息等;
- h) 客户服务信息,包括服务承诺、旅客诚信信息、遗失物品信息及咨询、建议、投诉、求助渠道等。

## 8.2 客户服务

**8.2.1** 铁路客户服务应具有信息公告、信息咨询、意见建议和投诉受理等功能。

**8.2.2** 铁路运输企业应提供 24 h 信息咨询服务,每日 07:00—23:00 应提供人工信息咨询服务。

**8.2.3** 铁路运输企业应在车站和列车醒目位置公布投诉处理渠道,对每件投诉有记录,在接到投诉后 3 个工作日内答复受理情况,10 个工作日内告知实质性处理结果。

# 9 服务评价与改进

**9.1** 铁路运输企业应建立包含旅客满意度的服务质量测量和监测方法,铁路旅客运输服务质量评价数据采集方法示例参见附录 A。

**9.2** 铁路运输企业每年应至少开展 1 次服务质量评价,并对发现的问题进行原因分析和整改,不断提升服务质量。

## 附录 A
### (资料性附录)
### 铁路旅客运输服务质量评价数据采集方法示例

铁路旅客运输服务质量评价数据采集方法可包括但不限于:
- a) 问卷调查法,可测量旅客满意度;
- b) 直接绩效测量法,可测量的关键绩效指标可包括但不限于:
    1) 责任旅客伤亡率等安全指标;
    2) 列车到发正点率;
    3) 设施设备完好率;
    4) 客户呼叫服务等待时间;
    5) 旅客有效投诉率、旅客有效投诉合规处理率。
- c) 神秘顾客调查法,可采用神秘顾客调查法采集的数据项包括但不限于:
    1) 列车餐饮可选种类和价位;
    2) 车站、列车卫生清洁度;
    3) 客户呼叫服务合规率;
    4) 服务人员服务态度良

# 附录 B

## 铁路旅客运输服务质量
## 第 2 部分：服务过程

### 1  范围

GB/T 25341 的本部分规定了提供铁路旅客运输服务的服务环境、设施设备、服务环节、应急和补救服务的内容和要求。

本部分适用于提供铁路旅客运输服务的组织和人员。随旅客列车运输包裹的有关要求可参照本部分执行。

### 2  规范性引用文件

下列文件对于本文件的应用是必不可少的。凡是注日期的引用文件，仅注日期的版本适用于本文件。凡是不注日期的引用文件，其最新版本（包括所有的修改单）适用于本文件。

GB 5749  生活饮用水卫生标准
GB 5768  道路交通标志和标线
GB 9672  公共交通等候室卫生标准
GB 9673  公共交通工具卫生标准
GB/T 10001（所有部分）  公共信息图形符号
GB/T 13317—2010  铁路旅客运输词汇
GB 13495（所有部分）  消防安全标志
GB/T 15566（所有部分）  公共信息导向系统  设置原则与要求
GB/T 16311  道路交通标线质量要求和检测方法
GB/T 18883  室内空气质量标准
GB/T 25341.1  铁路旅客运输服务质量  第 1 部分：总则
GB/T 31015  公共信息导向系统  基于无障碍需求的设计与设置原则
TB 10100  铁路旅客车站设计规范

### 3  术语和定义

GB/T 13317—2010 和 GB/T 25341.1 界定的以及下列术语和定义适用于本文件。为了便于使用，以下重复列出了 GB/T 13317—2010 中的某些术语和定义。

## 3.1
**客流  passenger flow**
一定时间内旅客的流量、流向和旅行距离的总称。
［GB/T 13317—2010，定义 6.2.4］

## 4 服务环境和设施设备

### 4.1 通用要求
铁路运输企业提供的服务环境和设施设备应满足：
a) 服务、安全和应急设施设备配置齐全，功能完好，正常使用；
b) 公共信息图形符号符合 GB/T 10001 的要求，公共信息导向系统设置符合 GB/T 15566、GB/T 31015 的要求，消防安全标志符合 GB 13495 的要求，齐全醒目，使用规范，电子显示屏信息符合附录 A 的要求，无电子显示屏或电子显示屏故障的应使用信息板显示相应内容；
c) 视频监控系统覆盖各个服务区域，应具备提供实时图像和自动录像功能，一般区域录像资料留存时间不少于 15 d，进站口、出站口、候车室、售票厅等重点目标区域录像资料保存时间不少于 90 d；
d) 广播设施设备覆盖各个服务区域；
e) 封闭公共空间为禁止吸烟区，空气质量符合 GB 9672、GB 9673 的规定，服务区域及服务设施设备保持清洁卫生。

### 4.2 车站服务环境和设施设备

#### 4.2.1 一般要求
车站服务环境和设施设备应满足：
a) 建筑和无障碍设计符合 TB 10100 的要求；
b) 通风、照明、电气、空气调节、采暖条件符合 TB 10100 的要求；
c) 售票处、候车区、站台醒目位置设有时钟，显示时间准确。

#### 4.2.2 车站广场区域
4.2.2.1 车站广场区域人行通道应与城市公共交通合理衔接。交通标志与标线符合 GB 5768 和 GB/T 16311 的规定，进出车辆分类引导。

4.2.2.2 车站广场区域应设有停车场，停车场宜按照车辆用途分类分区，停车位及开放的车辆进出口与车辆流量相适应，无障碍车位数量不应少于停车位数量的 0.5%，应规划临时停车位。

4.2.2.3 车站广场区域应设有出租车候车区，位置方便旅客寻找和乘车。旅客等候区域应通风良好、有具备遮挡雨雪功能的设施设备，应在醒目位置公布服务监督电话，宜有本市（地区）地图。

4.2.2.4 通往车站出入口的主路线应为坡度平缓的便捷路径，不应设置阻挡逃生疏散的障碍物，应尽量避免建筑物遮挡出入口和重要图形标志。

4.2.2.5 车站广场区域宜配置自动售/取票机。

#### 4.2.3 站房
4.2.3.1 站房内符合：
a) 空气流速、新风量等应符合 GB/T 18883 与 GB 9672 的规定；

b) 有空调的服务区域室内温度冬季应为 18～20 ℃，夏季应为 26～28 ℃，无空调的服务区域室内温度冬季不应低于 14 ℃，夏季超过 28 ℃应使用电风扇；

c) 各服务区域有充足的照明，灯具最少擦拭次数应为 2 次/年，并符合：
　　1) 候车区（厅、室）、通道、扶梯、集散厅照度不应低于 150 lx；
　　2) 售票厅、检票处、问讯处照度不应低于 200 lx；
　　3) 贵宾室、行李托运处、安全检查区域照度不应低于 300 lx；

d) 各服务区域应配备应急照明设施设备，有安全应急疏散标志、通道，并相互衔接；

e) 广告、商业设施应统一规划，与周围环境协调，位置合理，不应影响引导标志、安全标志和站房应有的服务功能。公共区域噪声不应高于 70 dB（A），多媒体广告亮度不应大于附近电子引导标志，多媒体广告宜静音，如有声音，音量不应高于 30 dB（A）和站房广播音量。

**4.2.3.2** 进站集散厅或进站区域符合：

a) 应设置电子显示屏；

b) 应有实名查验、安全检查区域并配备相应的设施设备，安全检查区域面积应满足设备布置及安全检查作业要求；

c) 应在醒目位置设置服务台，宜配备可查询列车运行情况的信息终端和轮椅、担架等辅助器具；

d) 应设置旅客随身携带物品寄存区域，地市级及以上主要车站宜设置自助寄存柜。

**4.2.3.3** 售票厅符合：

a) 应设置电子显示屏；

b) 应有人工服务窗口并符合：
　　1) 根据购取票客流开设售票窗口，日常旅客排队不超过 20 人；
　　2) 应使用双面显示屏幕，实时同步显示售票员操作的售票信息；
　　3) 宜有为重点旅客提供优先服务的窗口；

c) 应根据客流配置自动售/取票机，日常旅客排队不超过 10 人。

**4.2.3.4** 候车区（厅、室）符合：

a) 应设置电子显示屏；

b) 配置与候车面积相适应的候车座椅，每位旅客候车面积宜大于 1.0 m$^2$，座椅的排列方向应有利于旅客通向进站检票口，座椅间走道净宽不应小于 1.3 m；

c) 应设有饮水处，能够提供热水，水质应符合 GB 5749 的规定，饮水处应与厕所隔离设置；

d) 应设有厕所，有无障碍厕所或厕位，厕所干净卫生，宜配备卫生纸、洗手盆、皂液、面镜；

e) 宜设置销售饮品与食物、报刊、旅行用品等的商业点和便民服务设施设备；

f) 可根据旅客、列车运行方向和车次，设置不同用途的候车区，省会城市主要车站应设置独立母婴室或母婴候车区，母婴室应具有保护哺乳私密性的设施设备，地面应防滑，并应配置婴儿护理台、洗手盆、婴儿床、座椅等设施设备，宜配置恒温空调、呼叫设施设备；地级市及以上主要车站应设置贵宾候车室（区）；

g) 设置临时性候车区的，临时性候车区应安全可靠，有具备遮挡雨雪功能的设施设备，具备饮水、如厕条件，配备适量座椅。

4.2.3.5 进站、出站检票口应满足安全疏散及无障碍通行要求，并符合：
   a) 应设置电子显示屏或信息板；
   b) 每组自动检票口旁应设人工检票口，宜设置自动检票通道；
   c) 应设有检票口净宽不小于 0.9 m 的检票通道，检票口栏杆内、外侧 1.8 m 范围内地面应平整；
   d) 附近不应设置影响排队检票的设施设备；
   e) 提供便捷换乘服务的，宜配备具有双向自动检票功能的检票设施设备。

4.2.3.6 出站集散厅或出站区域应设置检/补票室，宜设置旅客厕所。

4.2.3.7 行李房应符合：
   a) 设置电子显示屏或信息板；
   b) 设置安全检查设施设备；
   c) 分别设置行李托运、存放、提取的场所；
   d) 配备衡器、搬运机具等必要的服务设施设备。

4.2.4 站场

4.2.4.1 天桥、地下通道采用坡道时应有防滑措施，天桥、地下通道内应设置进、出站通道电子显示屏或信息板，站台照度不低于 75 lx。

4.2.4.2 应设置站台并符合：
   a) 旅客列车停靠的站台应在全长范围内，距离站台边缘不小于 1.0 m 处，设置宽度为 0.10 m 的安全警戒线；
   b) 应设置站名牌、安全标志及电子显示屏或信息板；
   c) 应设置雨棚，雨棚长度宜与站台长度相等，县级及以下车站的雨棚长度可根据客运量和需要确定；
   d) 1.25 m 高站台宜设有屏蔽门/安全门，站台两端应设置防护设施设备；
   e) 应设置电铃；
   f) 宜设置旅客上下车引导标志；
   g) 可设置座椅、垃圾箱等设施设备，安装牢固，不影响旅客通行。

4.3 列车服务环境和设施设备

4.3.1 列车电子显示屏显示内容规范，方便旅客。车厢有列车运行区间、内外顺号等标志。

4.3.2 有空调的列车车内温度冬季应为 18 ℃，夏季应为 26～28 ℃；无空调的列车车内温度冬季不应低于 14 ℃，夏季超过 28 ℃应使用电风扇。

4.3.3 列车内应有充足的照明并配备应急照明设施设备，车厢客室内非夜间运行照明照度不低于 75 lx，餐车供应时不低于 100 lx，厕所不低于 50 lx。

4.3.4 列车内应有饮用水供应设施设备，能提供热水，水质应符合 GB 5749 的规定。

4.3.5 列车车厢应设有垃圾箱，宜具有分类功能。

4.3.6 列车内应设有厕所和洗脸间，车厢宜能显示厕所的使用状态，厕所内应设有扶手，坐便器配有一次性垫圈。

4.3.7 列车内广告应与环境协调，位置合理，不应影响引导标志、安全标志、旅客安全和列车服务功能，多媒体广告宜静音，如有声音，音量不应高于 30 dB（A）。

4.3.8 服务备品质地、颜色应与列车等级和环境相适应，作用良好，定位摆放，干净整洁。

4.3.9 列车内宜设置办公席（点）或在每节车厢装有呼叫乘务员按钮。

## 5 服务环节

### 5.1 通用要求

5.1.1 铁路旅客运输服务应符合 GB/T 25341.1 的规定，其服务过程包括票务服务、行李运输服务、进站服务、候车服务、站台乘降服务、列车服务、出站服务 7 个基本环节。

5.1.2 铁路旅客运输服务符合以下要求：
  a) 应文明服务、首问负责、重点帮扶，考虑旅客不同需求，可提供差异化服务；
  b) 应维护秩序，保持应急通道畅通；
  c) 广播应以方便旅客旅行生活为主，及时通告列车运行情况，语音清晰，音量适宜，可根据需要安排专题宣传，可增加英语、少数民族语言广播；
  d) 信息发布应及时，采取多种方式通告列车运行、票务、旅行须知等信息；
  e) 商业服务应规范经营，明码标价，提供发票，商铺应按照规定悬挂经营许可、卫生许可等证照，并在醒目位置公布服务监督电话，餐饮类服务应做到卫生管理制度健全，符合食品安全卫生条件要求。

### 5.2 票务服务

5.2.1 铁路运输企业应控制出售车票的总量，不超过列车车辆负载的技术要求。残疾人专用席位按规定发售。

5.2.2 铁路运输企业应根据旅客有效购票身份证件及需求，采取多种形式正确发售车票，将车票信息及取票、退票、改签等内容告知旅客，并提供订单信息查询服务。设有停止售票时间的提示。

5.2.3 铁路运输企业应提供退票、改签服务，并为有需要的旅客出具报销凭证。

5.2.4 购买实名制车票的，铁路运输企业应为丢失纸质车票的旅客办理挂失补办服务。

5.2.5 列车变更、停运时，铁路运输企业应通知旅客，并为受影响的旅客提供一定期限内的改签、退票服务。

### 5.3 进站服务

5.3.1 车站实名查验、安全检查开放的通道数量应与旅客发送量相适应，日常旅客等候不超过 5 min。车站有服务于重点旅客和急客的通道，并提供优先进站服务。

5.3.2 铁路运输企业应对旅客及其携带物品实施全面安全检查，提醒旅客带好随身携带物品。女性旅客应由女性安全检查人员进行人身安全检查。

5.3.3 铁路运输企业应在安全检查区域醒目位置公告禁止和限制携带物品信息，必要时，辅助语音等方式告知相关安全检查要求。

5.3.4 铁路运输企业应提供限制携带物品的保管服务，免费保管期限不超过 3 d。

### 5.4 候车服务

5.4.1 候车区应有服务人员巡视，提供引导、咨询和帮扶等服务。

5.4.2 服务台应及时回应旅客需求，准确回答旅客问询，帮助重点旅客，提供寻人寻物广播、遗失物品查找等服务。

5.4.3 铁路运输企业应组织旅客有序候车，提醒旅客对超重、超大等物品办理托运。

5.4.4 检票口设置停止检票时间的提示。

### 5.5 站台服务

5.5.1 铁路运输企业应做好安全宣传及防范，维护站台秩序。

5.5.2 铁路运输企业应引导旅客到车厢位置安全线内排队等候，列车停稳后引导旅客有序乘降，及时组织下车旅客出站，站台无滞留人员。为重点旅客提供帮扶。

5.5.3 铁路运输企业应利用电子显示屏、引导标志或人工服务，提示便捷换乘路径，方便中转旅客接续乘车。

### 5.6 行李运输服务

5.6.1 行李托运的场所应有行李运输有关规定的公告。

5.6.2 行李托运应经过安全、运输条件检查。

5.6.3 行李托运手续需要凭车票和有效身份证件办理，可提供保价或保险服务。

5.6.4 铁路运输企业应在承诺时限内完好运送行李到站，旅客提取行李时正确交付。

5.6.5 行李到站后，铁路运输企业应及时通知收货人领取，并提供不少于 3 d 免费保管服务。

### 5.7 列车服务

5.7.1 铁路运输企业应做好安全宣传防范和引导，乘降有序，服务人员应为重点旅客及时提供帮扶。

5.7.2 列车车门口和通道应畅通，车厢内物品应摆放平稳、整齐，列车内文明有序。

5.7.3 铁路运输企业应指导旅客正确使用服务设施设备，纠正违章乘车，提前通报站名。服务人员应巡视车厢，正确解答旅客问询。

5.7.4 列车应提供补票、车票挂失补办等票务服务。

5.7.5 贴身卧具（被套、床单、枕套）应清洁、干燥、无污损，一客一换，旅客到站后方可收取。

5.7.6 服务人员定时巡视清洁厕所，保持厕所干净、干燥、无异味。未采用集便装置的列车渡海以及运行在市区、长大隧道、大桥和站停 3 min 以上的停车站应锁闭厕所；中途停车站提前 5 min、终到站提前 10 min 锁闭厕所，对特殊情况急需使用厕所的旅客，应提供方便。采用集便装置的列车吸污或未供电时应锁闭厕所，其他时间不锁厕所。

5.7.7 全程运行时间超过 6 h，且包括一次正餐时段（11:00—13:00、18:00—20:00）的列车，应提供餐饮服务。

5.7.8 列车地面、座椅、小桌板、窗帘应整齐、清洁，垃圾应封袋定点投放。服务备品应干净，定位摆放。

### 5.8 出站服务

5.8.1 开放的出站通道数量应与出站旅客量相适应。

5.8.2 出站口应提供补票、车票挂失补办等票务服务。

## 6 应急和补救服务

6.1 铁路运输企业应制定突发客流、恶劣天气及设施设备故障等非正常情况的应急预案，定期组织培训演练，做好应急响应。

6.2 列车非正常运行时，铁路运输企业应及时、准确发布信息，尽快采取措施，恢复正常秩序。条件允许情况下，为旅客提供通风、照明、卫生良好的休息等候环境。列车晚点超出市政公共交通运营时间时，铁路运输企业应协调市政交通衔接。

# 附录 A
## （规范性附录）
## 电子显示屏信息要求

### A.1 车站电子显示屏信息要求

A.1.1 站台屏应有双面显示功能，应显示列车车次、始发站、终到站、实际开点（终到站为实际到点）、列车编组、引导提示等内容。

A.1.2 进站通道屏宜有双面显示功能，应显示列车车次、始发站、终到站、站台、实际开点、编组信息等内容。

A.1.3 出站通道屏宜有双面显示功能，应显示列车车次、始发站、终到站、站台、实际到点、编组信息等内容。

A.1.4 进站大屏应显示列车车次、始发站、终到站、开点、候车室（或检票口）、状态（候车、正在检票、停止检票、晚点××分钟、晚点未定）等信息。

A.1.5 出站大屏应显示列车车次、始发站、到点、站台、状态（正点、晚点未定、晚点××分钟）等信息。

A.1.6 候车检票引导屏应显示车次、始发站、终到站、开点、检票口、状态（候车、正在检票、停止检票、晚点××分钟、晚点未定）等信息。

A.1.7 售票窗口屏应显示售票窗口编号、窗口功能和工作时间等信息。

### A.2 列车电子显示屏信息要求

A.2.1 列车车厢外部的电子显示屏应显示列车运行区间、车次、车厢顺号等信息。

A.2.2 列车车内电子显示屏应显示列车运行区间、车次、车厢顺号、停站、运行速度、温度、客户服务电话、安全提示等信息。

# 参考文献

[1] 中国国家铁路集团有限公司. 铁路旅客运输规程. 北京：中国铁道出版社有限公司，2023.
[2] 中国国家铁路集团有限公司客运部. 铁路旅客运输组织. 北京：中国铁道出版社有限公司，2023.
[3] 中国铁路总公司. 铁路旅客运输服务质量规范（车站部分）. 北京：中国铁道出版社，2016.
[4] 张玉. 铁路客运组织. 北京：北京交通大学出版社，2020.
[5] 中国铁路总公司. 动车组列车服务质量规范. 北京：中国铁道出版社，2016.
[6] 董正秀. 铁路运输服务礼仪. 北京：中国铁道出版社，2007.
[7] 董正秀，张苏敏. 铁路客运服务礼仪. 北京：中国铁道出版社，2006.
[8] 葛静. 轨道交通服务礼仪. 成都：西南交通大学出版社，2018.